FEIYI JIN XIAOYUAN
JIANZHI DA JIANGTANG

非遗进校园
剪纸大讲堂

高段（上）

主编 徐 阳

副主编 金 姬 陶艳春 赵雄韬 武 燕

知识产权出版社
全国百佳图书出版单位

图书在版编目(CIP)数据

剪纸大讲堂. 高段. 上 / 徐阳主编. — 北京:知识产权出版社, 2018.4 (2023.3 重印)
(非遗进校园)
ISBN978-7-5130-5502-4

Ⅰ.①剪… Ⅱ.①徐… Ⅲ.①剪纸—技法(美术)—中小学—教材 Ⅳ.①G634.955.1

中国版本图书馆 CIP 数据核字(2018)第 061246 号

内容提要:

中国民间剪纸是由劳动人民在民俗生活中创造、流传、享用的一种意象造型民间艺术。中国民间剪纸有自己独特的剪纹。剪纹是剪纸的语言,是剪纸造型最基本的技法。本教材由浅入深,指导学生运用并掌握剪纹技法,以剪刀代笔,剪出自己想要表现的美丽图形。

责任编辑:田　姝　　　　　　　　　　　　　责任出版:孙婷婷

非遗进校园

剪纸大讲堂·高段(上)

徐阳　主编

出版发行:知识产权出版社有限责任公司	网　　址:http://www.ipph.cn
电　话:010-82004826	http://laichushu.com
社　址:北京市海淀区气象路50号院	邮　编:100081
责编电话:010-82000860转8598	责编邮箱:tianshu@cnipr.com
发行电话:010-82000860转8101	发行传真:010-82000893
印　刷:北京建宏印刷有限公司	经　销:各大网上书店、新华书店及相关专业书店
开　本:787mm×1092mm 1/16	印　张:11
版　次:2018年4月第1版	印　次:2023年3月第3次印刷
字　数:150千字	定　价:38.00元

ISBN 978-7-5130-5502-4

序

自从 2009 年中国剪纸入选"人类非物质文化遗产代表作名录"以后，剪纸进校园、剪纸进社区的活动越来越多，许多学校、社区都开办了剪纸课。剪纸受到政府部门的重视，得到更多人民群众的喜爱，尤其是受到少年儿童的追捧。

由于缺乏正确的引导，有的学校将剪纸引入课堂时，复印了大量的剪纸作品，发给学生依样复制；有的学校自编校本剪纸教材，可教材中并没有选用民间剪纸，而是选用了大量绘画性的图案，让学生依样绘制、操刀剪样，并要求学生画得越像越好，使剪纸成为过过刀的绘画作品。

中国民间剪纸进课堂，不仅仅是教会学生剪几张剪纸，动手娱乐，更重要的是传承中国民间剪纸中所蕴含的优秀传统文化，体验民间剪纸独特的造型特点。

中国非物质文化遗产保护协会会长、原文化部非物质文化遗产司司长马文辉说："朴素优美的剪纸寄托着人民美好的愿望和祝福，体现着中国人民积极乐观的生活态度，同时也有对日常生活中的美的表现和再现，也是对一些特定的风俗和仪式的传播，是广大民众，尤其是中小学生了解中国传统文化的载体和重要途径。"

　　那么,什么是中国民间剪纸呢?南京大学文化与自然遗产研究所副所长陈竞教授认为:中国民间剪纸是由劳动人民在民俗生活中创造、流传、享用的一种意象造型民间艺术。所谓"意象",就是意念中的形象,不是自然中的形象。这种意象"以意构象,以象寓意"。为塑造"意象",作者往往打破客观时间、空间、比例、透视、体积的限制,任意发挥主观想象,运用平面、简括、夸张、添加、拼连、套叠、装饰、复合等造型方法,表达作者的思想感情,反映劳动者的民俗生活。因而它的群众性、民俗型、传承性、象征性、实用性的特点最为明显。

　　剪纸又是吉祥的艺术。民间剪纸之所以受到老百姓的喜爱,就是因为它充分运用谐音、比喻、象征、拟人的手法,以特有的智慧和表达方式,含蓄地表达了老百姓对美好生活的向往。这本教材,着力从"福""禄""寿""喜""财"五大主题传播民俗文化知识。

　　民间剪纸有自己独特的剪纹,剪纹是剪纸的语言,是剪纸造型最基本的技法,这套教材由浅入深,教学生如何运用并掌握剪纹技法,以刀代笔,剪出自己想要表现的美丽图形。

　　这套教材分初、高两段,初段适合小学1~3年级,高段适合小学4~6年级,每段100讲。

　　在编排体例上,根据教学的需要,有主题讲解、剪纸作品赏析、剪纸范例教学步骤、学生习作展示及教师点评等多个环节,力求传播民俗知识和剪纸技艺有机结合、同步传授。教材中,特别鼓励学生学以致用,发挥少年儿童天真、浪漫的天性,大胆创新,剪出既具有民间剪纸韵味,又有儿童趣味的好作品。

　　本丛书重在继承传统剪纸的知识与技法,希望授课老师能够根据学生的年龄特点进行教学,使学生在愉快的文化情境中了解民间传统习俗,用剪纸的形式表现新生活。希望本丛书能够为非遗进校园提供教材上的支持,起到抛砖引玉、搭建平台的作用,成为弘扬我国剪纸文化的基石。

中国高级工艺美术师

北京一级工艺美术大师

"北京剪纸"非遗传承人

徐　阳

2018年1月于北京

目　录

剪纸的故事

主讲人：徐　阳

　　剪纸起源于中国，是劳动人民在长期的民俗活动中创造、流传、享用的一种意象造型民间艺术。《剪纸的故事》将带你走进剪纸艺术的前世今生，了解中国剪纸的发展历程，领略中国民间艺术的魅力。

　　徐阳,中国高级工艺美术师,北京一级民间工艺大师,"北京剪纸"非物质文化遗产代表性传承人。2007年获北京工艺美术"德艺双馨"大师称号,2004年在"神州风韵"全国剪纸大赛中,获中国"十大神剪"称号。2016年在文化部主办的第四届中国非物质文化遗产博览会中,担任剪纸大赛评委。现任中国非物质文化遗产保护协会职业教育专业委员会委员,长江师范学院重庆民族研究院文艺创作导师。曾获中国文联民间艺术最高奖"山花奖";第一届、第二届、第三届中国国际剪纸展金奖;首届中国传统工艺美术精品大展银奖(剪纸类最高奖)。2010年应外交部邀请,在北京钓鱼台国宾馆为时任美国国务卿希拉里作专场剪纸展演。曾受文化部等单位委派,赴瑞典、瑞士、法国、德国、加拿大、澳大利亚、埃及等三十多个国家进行文化交流。

（一）什么是中国剪纸？

人人都见过剪纸，每逢春节，家家户户都要在窗户上贴窗花，在大门的门楣上贴门笺，以烘托过大年喜庆、热闹的气氛。谁家有人结婚了，门上、新人房间里肯定会有红艳艳的双喜字和各种漂亮的喜庆剪纸。谁家老人过寿了，也离不开儿孙们送上寿花剪纸，贴在老人的房间里，表达对寿星的祝福。

春节贴窗花、门笺，结婚贴喜花，祝寿贴寿花，这些都是老百姓民俗生活中应用剪纸的例子。其实，在我们的生活中，剪纸艺术随处可见、流传很广。

剪纸起源于中国，又在民俗生活中传承与应用，所以我们叫它"中国民俗剪纸"或者"中国民间剪纸"。

那么，什么是中国民间剪纸呢？我们给它总结了一个定义：中国民间剪纸是由劳动人民在长期的民俗活动中创造、流传、享用的一种意象造型民间艺术。

很早很早以前，我们的祖先还在用石头、动物的骨头做工具，把他们看到的东西、所做的事用绘画、刻纹的方式，在石头、陶器、皮革，以及树叶、木板等材料上雕刻、加工。在彩陶、岩画、商周时代的青铜器、汉代的画像石的图纹中都可以看到这种影像。这与后来剪纸的产生都有着直接的关系。

祭祀图（壁画） 广西宁明县花山崖　　　　拜日图（壁画） 广西宁明县花山崖

人面太阳神　陕西西安半坡村彩陶

彩陶上象征太阳的纹饰

金乌负日（陶纹）　山西仰韶文化庙底沟型

巫舞图（彩陶）　青海大通孙家寨

在 3500 年前的商代，出现了金、银箔片上镂空的饰品，其造型特点和制作工艺与后来的剪纸十分相近。在成都金沙遗址中发掘出的金箔饰品"太阳神鸟"，直径有 12.5 厘米，无论从镂空手段，还是造型构成，都已经十分成熟。

3500 年前，商代金箔饰品"太阳神鸟"，现为中国文化遗产标志

在"太阳神鸟"的图案中，我们看到中间有十二齿的太阳，代表十二个月；上下左右有四只鸟，叫玄鸟，寓意太阳，代表东西南北。现在"太阳神鸟"被确定为中国文化遗产的标志，象征了三千多年前中华民族的飞天梦。

东汉蔡伦的造纸术普及以后，以前在皮革、金银箔片等平面材料镂空的工艺制作品，一下子都转移到纸上来了，因为用纸来镂空制作价格便宜、工艺简单，真正的剪纸从此诞生了。遗憾的是至今没有发现这一时期的剪纸实物。

至今发现的最早的剪纸实物，是在新疆吐鲁番阿斯塔那墓葬中出土的北朝时期（公元 386—581 年）的剪纸残片，共五幅，全部采用折叠的方法，剪出环状的二方连续纹样，我们称为"团花"剪纸。

莲鹿团花剪纸 （根据出土剪纸残片所做的复原,下同）

鹿纹与佛教有关。佛祖释迦牟尼爱鹿,养鹿。"鹿"谐音"禄","莲"谐音"连",寓"连得官禄"之意。

 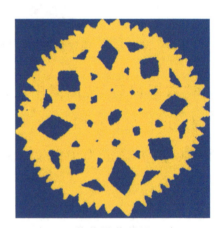

莲猴团花剪纸　　　　　　　　莲花团花剪纸

莲猴寓有"连连封侯"之意。莲花是佛教圣花,莲花象征圣洁、生殖、祥瑞、福祉。

莲蝶团花剪纸

莲轮团花剪纸

莲蝶团花剪纸中，蝴蝶象征灵魂。死者化蝶，灵魂尤在，世代永传。莲轮团花剪纸中心是莲花，外围是车轮、宝塔，标明墓主人是佛教信徒。

因此，剪纸的起源要从北朝时算起，距离今天已经有1500多年了。

到了唐代，造纸业十分兴盛，剪纸才真正在百姓中普及开来。

到了宋代，手工业空前繁荣，大批民间工匠涌进城市，出现了专业的剪纸艺人，为家家户户设计剪制用于刺绣的纸样和其他用途的剪纸作品。

在元代，剪纸更是盛行于市，不但家家户户贴剪纸，而且进入文人收藏的行列。剪纸形式不仅有窗花、绣样等小作品，还有构思复杂、可题诗吟句的大作品。

到了明代、清代，剪纸艺术达到鼎盛，不仅题材广泛，而且形式多样，现代留世的作品极多。

宝塔对鹿剪纸　唐—五代

洞房合卺礼合碗剪纸　唐代

镂版印染被面凤戏牡丹　唐代

祭祀生育神催生娘娘　宋代·甘肃

祭祀生育神女娲　宋代·甘肃

扫晴娘　宋、元代·山西

蛇盘兔　（扫描祭祀面馍花）宋代·山西吕梁

耄念长寿　宋代·甘肃

黄粱梦　清末·山东蓬莱

菜心孕子　明清·陕西宜君

　　清代末期至1949年,因为连年的战乱,各种手工艺遭到空前的摧残,民间剪纸日渐走向衰落。

　　抗日战争和解放战争期间,民间剪纸在革命根据地受到普遍重视,深受老百姓的喜爱。许多艺术家和农村妇女相互交流,共同创作出不少表现新时代、新生活的剪纸作品。

合作社 古元

收获 夏风

织布 力群、石桂英

　　1949 年以后,在党和政府的重视下,剪纸艺术和其他艺术一样,得到了延续和继承。2009 年,中国剪纸被联合国教科文组织确定为"世界非物质文化遗产"保护项目。剪纸不仅走进千家万户,也走入国际交流的大舞台。

(二)剪纸是吉祥的艺术

　　大家去过天安门、故宫、颐和园、天坛这些地方吗?它们是明清时期皇家的宫殿、园林和祭祀的场所。在这些建筑中到处装饰着两个图样——"龙凤呈祥"和"二龙戏珠"。

那么,这两个图案是什么意思呢?为什么在最高贵的皇家建筑中到处都能看得到呢?先说说"龙凤呈祥"吧!在古代,皇帝自誉为真龙天子,龙自然代表皇帝,也代表男性,阳性;凤代表皇后,代表女性,阴性。阴阳交合,男女结合才能繁衍后代。作为皇帝,他希望自己的臣民越多越好,人丁兴旺才吉祥,这样他的皇权才能巩固。

再说"二龙戏珠":这个"珠"可是宝珠,珠上有火苗纹,代表太阳。龙是传说中最吉祥的瑞兽,它威力无比,可上九天揽月,可下五洋捉鳖。两条龙在天上围绕着太阳戏耍,在抢、在争宝珠,由于宝珠太热了,龙嘴里不断地流着口水,这叫龙涎四溢,龙嘴里喷出来的口水,就是老百姓渴望得到的雨水,又叫甘露。有了温暖的阳光,又有了龙吐的甘露,地面上万物就能生长,庄稼就能丰收,六畜就能兴旺。国家富裕了,皇权才能巩固。所以,这两个图案放在皇家建筑上,体现风调雨顺、国泰民安、皇权永固的吉祥内涵。

龙凤呈祥　徐阳　武燕　　　　　　　　二龙戏珠　徐阳　武燕

再看看下面这幅"大福字"剪纸。这个大福字里面内容可丰富啦!它蕴含着"福"的五个方面的吉祥寓意,诠释了什么叫有福气。先看左上的那一点，剪了一个大桃子，象征健康长寿，这是第一福；左下剪有石榴、葡萄的纹样，寓意多子多福、人丁兴旺，这是第二福；在示旁左侧有一个像手指头的果实，是佛手瓜，象征有佛祖保佑，一生平安、好运连连，这是第三福；在右上端，有一只蝴蝶向下飞，下边有一朵大牡丹花，这叫蝶恋花，象征婚姻美好、爱情长久，这是第四福；在右下方是金鱼与莲花，由于"鱼"与"余"谐音，"莲"与"连""年"二字谐音，故构成吉祥语"连年有余"，"金鱼"又与"金玉"谐音，金鱼满堂构成另一吉祥语"金玉满堂"。这两个吉祥语，都有财富多多的寓意，这是第五福。老百姓常说五福临门喜事多，这个大福字的剪纸充分体现了中国民间剪纸是吉祥的艺术，是人们祈盼幸福生活的缩影。

大福花　徐阳　金素清

第一单元　怎样剪福花

主讲人：王潇潇

　　同学们，翻开这一页，说明你已经进入更高阶段的剪纸学习啦！本单元，我们将要学习寓意着"福"的剪纸内容，"福"代表福气、福运、幸福，等等。在传统的民俗剪纸中，我们经常把"福"字和有吉祥寓意的物象组合在一起进行创作，使其具有美好的象征意义。

王潇潇,北京市朝阳区实验小学美术教师。辅导的学生作品《厨艺课上显身手》在2016年"第三届全国儿童剪纸作品展"中获金奖。在2017全国非遗进校园剪纸展中,辅导的多名学生获奖,本人荣获优秀辅导教师奖,创作的剪纸作品《金莲送子》被评为优秀作品。

第一讲　怎样剪"福"字

学习福字的阴阳剪法，自己设计并剪一个"福"字剪纸。

福　北京　王潇潇

"福"字现在的解释是"幸福"，而以前多指"福气""福运"。所谓五福：一曰长寿，二曰富贵，三曰康宁，四曰好德，五曰善终。

跟我剪一剪

（1）用铅笔把设计好的"福"字画在硫酸纸上，画的时候一定要用力！

（2）把硫酸纸背面朝上覆在红纸的背面，用铅笔把"福"字拓印在上面，拓印的时候也要用力！

（3）"福"字已经印在纸上了，就可以根据自己的创作需要，进行阴剪或阳剪，并在其外边缘添加剪纹或改变外形。

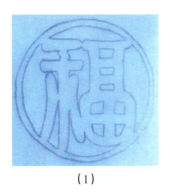
（1）

（2）

（3）

阳剪

阳剪,也称为明剪,是以线造型为主,把想要的造型留下,其他部分剪去。阳剪时,我们把留住的形称为正形。

阴剪,也称为暗剪,是以线造型为主,把想要的造型剪掉,其他部分留下。阴剪时,我们把剪空的形称为负形。

阴剪

剪一剪,试一试

作品一

作品二

第二讲　怎样剪蝙蝠

了解蝙蝠在剪纸语言中的吉祥寓意。学会用对称的方法剪蝙蝠，并结合元宝纹、贯钱纹等吉祥纹样完成作品——"福在眼前"。

蝙蝠

蝙蝠不是鸟，也不是鼠，而是一种能够飞翔的哺乳动物，属动物学中的翼手目。在中国传统的剪纸艺术中，蝙蝠的形象被当作幸福的象征，运用"蝠"与"福"字的谐音，并将蝙蝠的飞临，结合成"进福"的寓意，希望幸福会像蝙蝠那样自天而降。

跟我剪一剪

运用折剪法剪"福在眼前"。

（1）首先在纸上折出对称线的印记；

（2）用对称的剪法剪出蝙蝠的外形；

（3）接着用直插刀法剪出蝙蝠身上的月牙纹、毛毛纹、铜钱纹，注意毛毛纹要有层次感；

（4）把铜钱纹和蝙蝠周围的镂空部分剪掉，我们的作品就完成了！

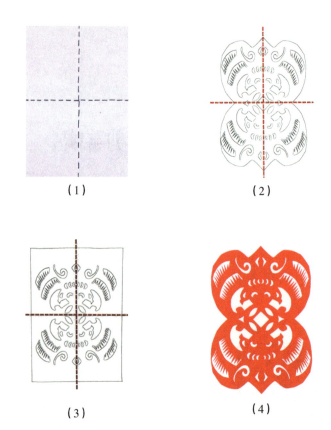

（1）　　　　　　　　　（2）

（3）　　　　　　　　　（4）

剪一剪，试一试

作品一　　　　　　　　　作品二

佳作欣赏

五福捧寿　陕西　武燕

五福捧寿

　　"五福捧寿"即在五只蝙蝠中间剪一个寿桃，或写一个寿字，多以团花形式表现。

第三讲　怎样剪"福云"

　　"福云"就是"祥云",这一讲我们要了解祥云的结构和吉祥寓意,学习祥云剪纹,并自己设计剪祥云图案。

祥云纹

　　"云"谐音为"运",在剪纸语言中,云朵和蝙蝠组合在一起有"福运"的吉祥寓意。

跟我剪一剪

　　我们用对称的方法剪祥云。

　　(1)先将纸对折;

　　(2)用直插刀法剪出一个像逗号一样的线;

　　(3)沿着线的内部剪出花瓣形;

　　(4)用斜插刀法沿着花瓣纹的内边缘剪出一个镂空的小逗号;

　　(5)再慢慢展开,一朵美丽的祥云就剪好了。

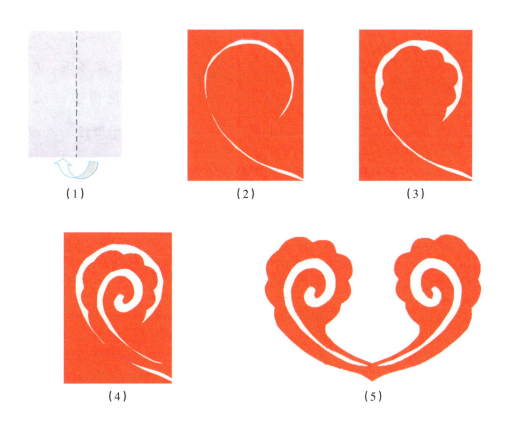

（1） （2） （3）

（4） （5）

剪一剪，试一试

云头

云头多用对称方法剪，剪
的时候一定要尽可能地体现
出云向上翻滚的动感哦！

云勾多用单独剪法剪。
云勾外圈多用花瓣纹，内圈
只剪出动态线就可以了。

云勾

云有耕云播雨、化生万物的文化内涵。云在剪纸中也有阳性的含义，比喻男性，经常用于阳性动物的装饰中。

不同类型的祥云纹

我们还可以用云勾组合成不同的云纹，比如：水磨云、顶头云、翻天云，等等。

多姿多彩的祥云纹

佳作欣赏

祥云瑞日　陕西　武燕

第四讲　怎样剪佛手

了解"佛手"在剪纸中的吉祥含义，通过观察佛手的形态，运用学过的剪纹来创作一个漂亮的佛手。

佛手

佛手图

佛手是一种果实，俗称佛手柑。它的形体很有特点，状如人手，先端开裂，分散像手指，拳曲如手掌，所以人们把它称为佛手。佛手的佛字谐音近似"福""富"，所以佛手在剪纸语言中也寓意着福寿。

跟我剪一剪

（1）先把佛手的外形剪出来；

（2）用简单的纹样进行装饰，如圆点纹、毛毛纹等。

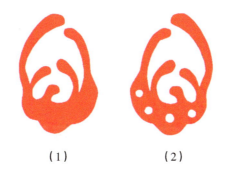

　　　　(1)　　　　　(2)

小窍门

　　剪佛手的时候,中间留的空隙不要太大,要把其层层包裹的感觉体现出来。佛手的果叶为阔椭圆形,有尖,在剪的时候要尽量突出其特征。装饰佛手的花纹还可以用圆孔纹,也有多子多福的美好寓意!

剪一剪,试一试

作品一　　　　　　作品二　　　　　　　作品三

第五讲　怎样剪石榴

　　了解石榴在剪纸中的象征意义，学会用折剪法和更加丰富的抽象纹饰装饰石榴。

　　石榴是多子多福的象征符号，作为寓意多子的吉祥物。这主要缘于石榴果内种子众多，所以成为人们最理想的借喻。

石榴

跟我剪一剪

　　折剪法剪石榴。

　　（1）先剪出石榴的外形，可以适当添加一些叶子；

　　（2）接下来剪石榴的内部，把需要打毛毛纹的部分用细长的月牙线表现出来；

　　（3）剪出毛毛纹，剪毛毛纹时要做到"落剪有声，一刀剪到位"；

　　（4）剪出圆点纹和叶脉，不规则的圆点纹看起来更加生动；

　　（5）完成后，慢慢展开，一个寓意多子多福的大石榴就剪好了！

（1）　　　　　　　　（2）　　　　　　　　（3）

（4）　　　　　　　　（5）

小窍门

剪毛毛纹时，要做到"落剪有声"，每一剪都要剪到位才可以。还要注意毛毛纹要"成组"出现，才会有丰富的层次感。

作品一　　　　　　　　　　　作品二

　　第一幅作品从外形上看很完整，但是石榴内部的剪纹有点单一，可以在底部原有花卉剪纹基础上添加毛毛纹，使它看起来层次更加丰富。

　　第二幅作品在石榴的外形上进行了夸张和变形，显得非常有趣，但是石榴内部的剪纹有些多，留出的白色区域过于平均，如果有一些层次变化，一定会更漂亮。

剪一剪，试一试

双石榴

　　我们还可以尝试用单剪法和对称法相结合，剪出漂亮的双石榴！

佳作欣赏

石榴送子　北京　夏莹莹

第六讲　怎样剪盘长纹

了解葫芦在剪纸中的吉祥含义，学习盘长纹的剪法并运用盘长纹等吉祥符号来装饰葫芦。

葫芦

葫芦又称为蒲芦，谐音"福禄"，草本植物。它的枝茎称为蔓带，谐音"万代"，"蒲芦蔓带"谐音为"福禄万代"，是吉祥的象征。

盘长纹，也称为万代盘长，民间俗称"蛇盘九颗蛋"，有子孙绵延、福禄承袭、寿康永续、财源不断、爱情永恒的寓意。盘长也有"事事顺，路路通"的寓意，是大家喜爱的吉祥符号。

跟我剪一剪

（1）将纸张进行十字对折，沿十字线勾勒出四分之一的盘长纹形状；

（2）用直插刀法剪掉镂空部分；

（3）慢慢打开，一个盘长纹就剪好了。

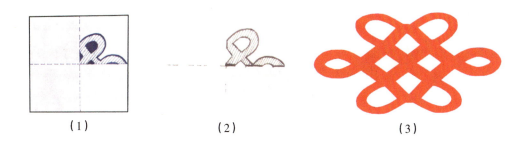

（1）   （2）   （3）

剪一剪，试一试

作品一   作品二

第一幅作品大气简洁。小作者采用了阴剪和阳剪相结合的手法，用阳剪法突出葫芦上的盘长纹，将花草植物剪纹以阴剪的形式进行点缀，寓意福禄绵长。

第二幅作品构思巧妙、充满童趣。小作者巧妙套用葫芦的外形剪了一个娃娃的形象，并运用盘长纹等吉祥符号和剪纹进行装饰，寓意多子多福，子孙绵延。

佳作欣赏

宝葫芦　北京　王潇潇

　　这幅剪纸运用了盘长纹、双鱼、佛手等吉祥符号和图案对葫芦进行装饰。

第七讲　怎样剪福字剪纸

了解"福"的含义,欣赏不同形式的关于"福"的剪纸创作。

常见的"福"字剪纸形式基本上可以分为两种:

一种是只有"福"字出现在剪纸图案中,即不同形式的"福"字本身就是图案的主角;第二种形式则是以"福"字为主题,但是搭配有其他相关吉祥图案。

福寿三多　北京　王潇潇

恭喜发财　北京　徐阳

跟我剪一剪

(1)先用阳剪法剪出一个"福"字(剪福字的方法可以参看第一讲);要剪的作品是"福"字下面是牡丹花图案的碗,所以先把牡丹花的剪纹轮廓线和叶子剪出来;

(2)剪出佛手和桃子内部的剪纹装饰;

（3）剪出"福"字右上方蝙蝠的头部和内部剪纹装饰；再剪出所有物体的外轮廓，剪的时候注意物体和物体之间的连接，不要剪断；

（4）再修饰一下，我们的作品就完成了！

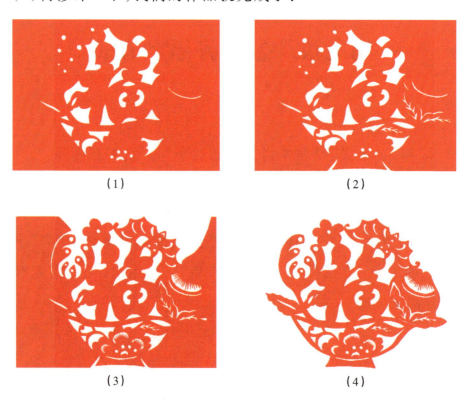

（1）　　　　　　　　　　　　（2）

（3）　　　　　　　　　　　　（4）

小窍门

　　由于我国的文字属于象形文字，所以字体的结构可以根据人们所想象的图案不断地进行变化，其实剪纸中"福"字的类型也相当多，有时候根据制作内容的需要，还可以将一些带有吉祥寓意的动物形象与其结合，譬如将蝙蝠、老虎与"福"字融合在一起，以增加"福"的气息。

剪一剪，试一试

学生习作

　　小作者对前几讲学习过的剪纸知识学以致用。在以"福"字为中心的剪纸中加入代表长寿的寿桃、表示多子的石榴，以及本身就表示"福"的蝙蝠。通过这些吉祥符号的装饰，让这幅剪纸作品充满传统民俗的味道，实为一幅佳作。

第八讲　怎样剪"三多果"

了解三多图的传说和福果吉祥寓意。学习简单的树枝和叶子的剪法,运用前几讲学习过的知识进行组合,完成一张三多图的创作。

"三多",即:佛手、桃子、石榴,分别象征多福、多寿、多子。

传说圣人尧游华州时,该地的百姓以此赠予尧,曰:"请祝圣人,使圣人富、使圣人寿,使圣人多男子。"(《庄子·天地》)因此,三多又称为"华封三祝"。

跟我剪一剪

桃和石榴的叶子是羽毛状的,佛手的果叶椭圆带尖,当然你也可以加入自己的想象力进行变形哦!

小窍门

示范作品

悄悄告诉你几个可以把枝叶剪得更漂亮的小秘密！

（1）剪枝干要记住："宜曲不宜直，宜细不宜粗"，粗枝不宜交叉或遮挡，注意疏密和对称；

（2）创作时，可以使用几种不同形象的叶子来点缀瓜果，但要以一种叶子的造型为主。

剪一剪，试一试

我们在前面的课程中已经学习了佛手、桃子、石榴的剪法，本节课，我们将为它们添加适当的枝叶，将它们组合起来。

作品一

作品二

（1）几种花果进行组合创作时,构图要注意有主有次。主体物要突出,尽量放在中间;次体物放在两边,比例稍微小一点;

（2）用枝干和树叶进行点缀,并把主要物体和其他零碎形象连接起来。

可以先大致画出要剪的物体的外形和枝干的走向,安排好构图,再下剪进行创作。

佳作欣赏

吉祥三多果　陕西　武燕

第九讲 怎样剪"福虎"

了解福虎的吉祥寓意和特点,学会用各种吉祥纹样装饰福虎。

虎

虎是百兽之王,也是勇气和胆魄的象征,特别是额头正中的"王"字纹样,更显王者霸气,英雄本色。

虎在民间充当保护神的角色,能驱邪保安,镇宅纳福。

"虎"与"福"谐音,"倒"与"到"音同,小孩子倒身伏在虎背上就构成了《福到身》。

虎娃娃流行于我国北方,除了剪纸,表现形式还有刺绣、面塑、年画等。虎娃娃在民间不仅有为孩子祛病除灾的意义,同时也表达了家长期望自己的孩子健康成长,虎虎有生气。

跟我剪一剪

(1)先剪出老虎的头部和身体上的轮廓,用尖锥纹装饰娃娃的腿部;

(2)在老虎的身体和四肢相应的剪纹轮廓线上剪出毛毛纹;

(3)剪出娃娃的五官和衣服上花纹装饰,用尖锥纹装饰老虎的尾巴;

（4）剪出娃娃的外形动态,注意娃娃腿部的线条要用阴剪法;

（5）用阴剪法和阳剪法剪出娃娃手中的拨浪鼓;

（6）调整一下,最后剪出老虎的外形,我们的作品就完成了!

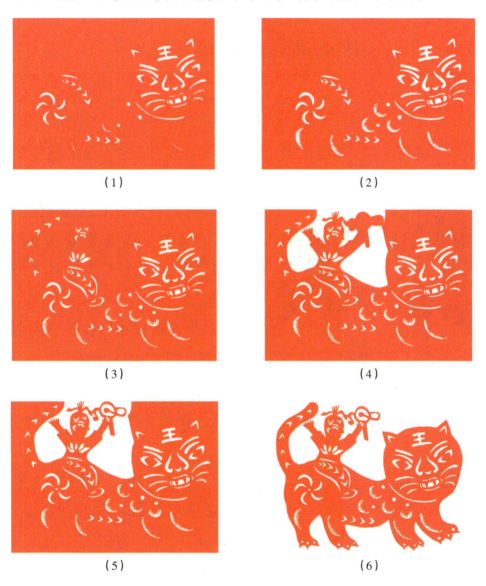

（1）　　　　　　　　　　（2）

（3）　　　　　　　　　　（4）

（5）　　　　　　　　　　（6）

剪一剪,试一试

（1）剪老虎时,要注意尽量把虎头剪大一些,这样它的形象不但憨态可掬,还显得很有生气。

（2）剪老虎的尾巴要记住：剪粗剪长，显威风。

（3）装饰老虎的内部剪纹，可以多用锯齿纹、尖锥纹、花瓣纹、月牙纹、太阳纹、旋转纹、云纹等，成组出现，这样装饰更有层次感，更漂亮。

福到身

佳作欣赏

双面福虎　北京　王潇潇　陕西　武燕

招财福虎　北京　陶艳春

第十讲　怎样剪福娃

了解福娃的吉祥寓意和特点,学会用各种吉祥纹样装饰福娃。

中国民间剪纸中的娃娃包含吉祥和幸福的寓意,他们的造型丰富多样,形式独特,除了福娃,还有抓髻娃娃等,形象都夸张生动。

跟我剪一剪

(1)首先把纸张对折;

(2)用阳剪法剪出福娃的五官,注意要突出眼睛,剪得大一些。娃娃的身体可以用花朵、石榴等你喜欢的吉祥图案和吉祥纹样进行装饰,把需要剪的锯齿纹或毛毛纹的暗线剪出来;

(3)剪出毛毛纹和锯齿纹,这个时候要思考一下福娃的发型;

(4)内部剪好后,沿着外边缘把福娃的外形剪下,由于面部用的是阳剪法,剪外形时一定要小心,不要剪断;调整一下,慢慢展开,一个漂亮的福娃就剪好了。

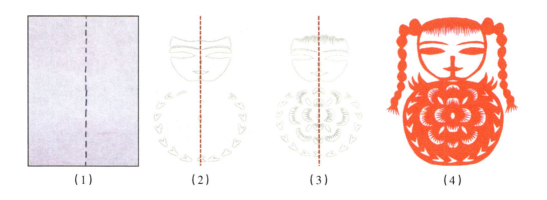

(1)　　　　　　(2)　　　　　　(3)　　　　　　(4)

小窍门

（1）福娃的身体形态是胖胖圆圆的，很可爱，很像葫芦的外形，我们在剪的时候一定要抓住这个特点；

（2）剪福娃的时候一定要注意福娃面部五官，特别是眼睛，剪大一些会显得比较童真；

（3）装饰娃娃身上的剪纹时，可以应用之前学习过的石榴、蝙蝠、佛手、盘长纹等吉祥物体和剪纹。

剪一剪, 试一试

作品一

作品二

作品三打破了福娃圆圆胖胖的外形形象，剪了一个真实生活中的小女孩。小女孩手抓蝙蝠，寓意抓住幸福，十分生动。小女孩的裙子用了寿桃的形象进行装饰，寓意长寿康健，构思巧妙！

作品三

佳作欣赏

福娃 北京 王潇潇

福娃　北京　刘丹

第二单元　怎样剪禄花

主讲人：武燕　杨茹

　　中国民间剪纸采用"象征"的手法，将多种物象组合在一起，表示纳吉、祝福、祈福、除恶、劝勉、警戒的寓意。这一单元我们要学习寓意着事业亨通、步步高升的剪纸内容。这些剪纸有的用象征的方法，有的用谐音的方法表达"禄"的吉祥寓意。朴素精美的剪纸寄托着人们美好的愿望和祝福，体现着中国人民积极乐观的生活态度，同时也是日常生活中的美的表现。

武燕，中国"十大神剪"之一，被陕西省榆林市政府授予"突出贡献专家"称号。曾获第四届"神州风韵"中国国际剪纸大赛金奖、第八届陕西省妇女手工艺品技能大赛剪纸比赛金奖、首届渭南全国剪纸大赛金奖。其剪纸被评为2017全国非遗进校园剪纸展优秀作品。

杨茹，北京市朝阳区实验小学美术教师。辅导的学生作品在2016年第三届全国儿童剪纸展中获奖，她本人评为优秀辅导教师。

第十一讲　怎样剪"禄"的吉祥符号

我们生活中有很多符号,剪纸中当然也有,这一讲我们就来学习"禄"字剪纸。

"禄"字符

这是"禄"字的变形体,具有装饰意味,是"禄"的吉祥符号。我们在很多唐装上经常会看到这个吉祥符号。

跟我剪一剪

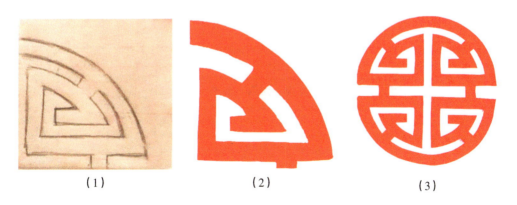

(1)　　　　　(2)　　　　　(3)

(1)将正方形红纸左右对折后再上下对折,借助铅笔和圆规画出"禄"

字符号；

　　(2)将其他部分剪掉，注意线与线之间平行；

　　(3)慢慢打开，"禄"字吉祥符号就完成了。

小窍门

　　要剪"禄"字吉祥符号非常简单，注意直线之间是平行的线条，弧线圆滑一些就可以了。

佳作欣赏

福禄　陕西　武燕

第十二讲　怎样剪鹿（一）

可爱的小鹿大家一定都很喜欢吧！"鹿"在剪纸中也有非常好的寓意，我们一起来了解一下吧！

"鹿"与"禄"谐音，以"鹿"来寓意"禄"，表达对事业成功的期盼。一起来观察照片中的小鹿，你发现小鹿有哪些特点了吗？

可爱的小鹿

鹿的头部略圆；面部较长；鼻端裸露；眼睛大而圆；耳朵长且直立；鹿角像树杈一样。

鹿的颈部较长；四肢修长；身子和羊差不多，身上有梅花般的花纹；主蹄狭而尖；侧蹄小；尾较短。

跟我剪一剪

（1）抓住小鹿的基本特征，剪出外轮廓；

（2）从小鹿的头部开始，剪出小鹿的眼睛与耳朵；

（3）适当给小鹿身上添加装饰纹；

（4）再修饰一下，一只可爱的小鹿就完成了。

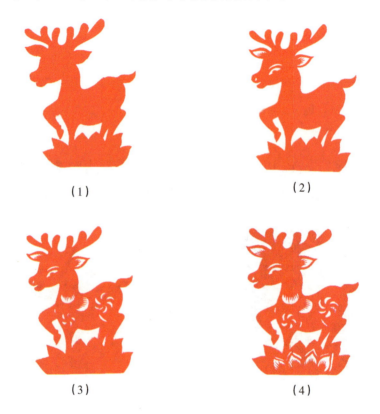

（1）　　　　　　　　　　（2）

（3）　　　　　　　　　　（4）

小窍门

　　要剪出活泼、可爱的小鹿，我们要抓住它的特点，头上有角，两耳横向尖长，脖子略长，身体像羊，腿很修长。螺旋纹很适合添加在小鹿身上，梅花纹也很合适。

学生作品一

学生作品一没有剪出鹿角，剪得像一只乖乖的小羊羔。

小朋友们一定要抓住鹿脖子长，头上有树杈一样的角的特征。

学生作品二抓住了小鹿的特征，鹿角、修长的脖子与腿、羊一样的身体。但如果小鹿能有动态变化，就更显活泼了。

学生作品二

第十三讲　怎样剪鹿（二）

　　想知道什么物象与小鹿在一起寓意"福禄寿"吗？学习这一讲你就知道啦！

　　在上一讲我们学习了小鹿的剪法，"鹿"与"禄"谐音，寓意高官厚禄。你能想到什么物象与小鹿进行组合，产生更多不同的寓意呢？

　　这幅剪纸由一个老寿星、桃子和鹿组成，寿星和桃子都是象征长寿、祝寿的寓意，因此这幅作品就寓意着"福禄寿"。

福禄寿　陕西　武燕

鹤为长寿仙禽，鹤寿无量，与龟一样被视为长寿之王。鹿、鹤、松枝形成寓意长寿的"鹤鹿同春"。

鹤鹿同春　陕西　武燕

福寿双全　陕西　武燕

同学们还记得蝙蝠有什么寓意吗？如果还记得，那么这幅作品的寓意就应该很容易明白了，"蝙蝠"的"蝠"取谐音"福"，桃子寓意长寿。这幅作品就寓意"福寿双全"。

鸡冠花，"冠"谐音"官"，与鹿的寓意"禄"连在一起，就是"连得官禄"。

连得官禄　陕西　武燕

跟我剪一剪

（1）剪出小鹿的基本外形的同时,添加鸡冠花的外形;

（2）掏剪出鸡冠花的枝叶和小鹿的头部;

（3）掏剪出小鹿的腿部和莲花的造型;

（4）进行鸡冠花的装饰;

（5）在小鹿的身体上添加剪纹,再修饰一下,我们的作品就完成了!

（1）　　　　　　　　　　　（2）

（3）　　　　　（4）　　　　　（5）

两只小鹿

这幅作品采用折剪方法,对小鹿的动态进行了创新,两只卧跪着的小鹿,好像在说着悄悄话。如果添加的剪纹能再思考一下,换成更适合小鹿的效果会更好。

探索空间

在新疆吐鲁番阿斯塔那墓葬出土的北朝—隋代五福剪纸实物,其中就有莲鹿团花。

莲鹿团花

鹿纹与佛教有关。佛祖释迦牟尼爱鹿、养鹿。"鹿"谐音"禄","莲"谐音"连",寓有"连得官禄"之意。

第十四讲　怎样剪猴（一）

　　机灵的小猴子在剪纸中要怎样表现出来呢？它在剪纸中又有怎样的寓意呢？这一讲我们就一起来学习吧！

活泼可爱的小猴子

　　小猴子机灵可爱，外形也很是有趣，桃形脸嵌着两颗金光闪闪的眼睛。因"猴"与"侯"谐音，"侯"在中国古代含有"封侯"的意思，寓意封侯挂印，升官加爵。

连连封侯

　　这幅剪纸为我国古代早期作品。1959年在新疆吐鲁番高昌遗址出土。作品在几何形团花之外，剪出了十六只猴子，分成八对围成一个圆圈。每对猴子相背而立，又回头相对而视；一只前爪相连，另一只前爪高举，神态生动富于变化，是我国早期剪纸的代表性作品。

跟我剪一剪

（1）抓住小猴子的特征，剪出外轮廓；

（2）从小猴子的头部开始剪起，抓住小猴子的脸是桃心形的特点；

（3）以锯齿纹为主添加小猴子身上的剪纹，一只可爱的小猴就剪好了。

（1）　　　　　　　（2）　　　　　　　（3）

小窍门

　　要剪一只活泼、可爱的小猴子，先要抓住小猴子的外形特点。小猴子身体很灵活，脸似桃子形，小耳朵在头的两侧，长长的尾巴左右摇摆。

小诊所

学生作品

　　这幅剪纸采用折剪的方式剪出两只生动活泼的小猴子，好像在做游戏，画面充满乐趣。小猴子尾巴如果可以再剪得灵活一些就更完美了。

佳作欣赏

双猴祝寿　陕西　武燕

祝寿图　陕西　武燕

第十五讲　怎样剪猴(二)

大猴子背上有只小猴子；小猴子旁边有一只小蜜蜂，这些剪纸有什么寓意呢？这一讲我们一起来探讨一下。

辈辈封侯　陕西　武燕

"猴"与"侯"谐音，"侯"在中国古代含有"封侯"的意思。《辈辈封侯》中的"辈"取谐音"背"，因此剪纸画面中，我们经常会看到一只大猴子背上背着一只小猴子，寓意一代人连着一代人的做官富足。

跟我剪一剪

我们一起来剪一幅题目为《封侯挂印》的作品吧！画面中会有小猴子拿着一个官印，引蜜蜂来玩耍，这就形成了"封侯挂印"的情景，"封"与"蜂"谐音，"侯"与"猴"谐音，"印"指的就是官印。为了突出"挂"的动态，小猴子有一个托举的状态。

（1）抓住小猴子托举的动态，剪出小猴子和大树的轮廓；

（2）掏剪出小蜜蜂的形象；

（3）剪出表现小猴子特点的桃心脸；

（4）对小猴子身体进行装饰，装饰不宜过多；

（5）再修饰一下树，慢慢打开，我们的作品就完成了！

（1）   （2）

（3）   （4）   （5）

剪一剪，试一试

学生作品

第十六讲 怎样剪"福禄"（一）

这一讲我们来学习"葫芦"的寓意和剪法。

"葫芦"与"福禄"谐音，葫芦的蔓带与"万代"谐音，是吉祥的象征，葫芦蔓上结籽，被称为"子孙万代"，而且每个葫芦里籽特别多，于是葫芦又成为吉祥如意、富贵康宁、多子多福的象征。

通常我们剪葫芦多是对称剪，葫芦取谐音"福禄"，所以和葫芦搭配的物象有很多。元宝铜钱寓意钱财；牡丹寓意富贵；鲤鱼寓意生活富裕，等等，这些都可与葫芦搭配，但不可贪多哦！

福寿绵延 北京 王潇潇

跟我剪一剪

（1）红纸对折，剪出葫芦的外轮廓；

（2）我们剪的是可爱的葫芦娃，所以先剪出葫芦娃的五官；

（3）在葫芦的下半部分掏剪出内装饰的元宝铜钱；

（4）在葫芦娃身体上剪一些装饰纹；

（5）修饰一下，一个寓意福禄的葫芦娃就完成了。

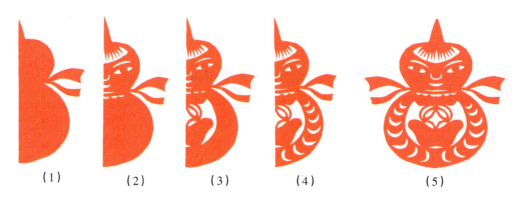

(1)　　(2)　　(3)　　(4)　　(5)

小窍门

　　葫芦的整体造型都是上半部分小，下半部分大，所以我们在剪的时候要注意比例！添加搭配与剪纹的时候也是下半部分相对丰富一些。

剪一剪，试一试

学生作品

　　这两幅作品都很有自己的想法，一幅加入了铜钱纹进行装饰；另一幅加入如意纹，寓意吉祥如意，更增添福禄的含义。

第十七讲　怎样剪"福禄"（二）

神奇的小葫芦能装很多东西，不同的组合会有不同的寓意，这一讲让我们一起来了解一下吧！

民间有用葫芦祛病化煞的习惯，这幅剪纸的葫芦中有蝎子、蛇、壁虎、蜈蚣、蟾蜍，称为"五毒"，有辟邪驱瘟的寓意。

五毒葫芦　陕西　武燕

这幅剪纸的葫芦中有桃子、石榴、佛手、蝙蝠、铜钱等元素，寓意转运，祈求时来运转，子孙满堂。

福禄葫芦　陕西　武燕

这幅剪纸的葫芦中有一只非常威风的老虎，老虎有招财镇宅的寓意，用来表示对财源广进，过上富裕生活的期盼。

镇宅葫芦　陕西　武燕

跟我剪一剪

（1）剪出葫芦与蝙蝠的外形；

（2）在蝙蝠身上加入逗点纹，在葫芦上半部分加入铜钱纹与"禄"呼应；

（3）在葫芦藤蔓上加入装饰；

（4）在葫芦下半部分加入寓意富贵的牡丹。一幅寓意福禄的作品就完成了。

（1）

（2）

（3）　　　　　　　　（4）

小窍门

在添加剪纹装饰时不要太平均，要有聚散变化，这样剪纸就会具有节奏感。

剪一剪，试一试

学生作品一　　　　　　学生作品二

两幅作品都很有自己的想法，学生作品一加入了团禄纹，增加了喜得福禄的寓意；学生作品二加入了莲花，意为连得福禄。

佳作欣赏

葫芦娃娃　陕西　武燕

第十八讲　怎样剪"鲤鱼跃龙门"

同学们听说过鲤鱼跃龙门的故事吗？这一讲我们就用剪纸的形式来表现这个故事。

鲤鱼跃龙门是什么意思呢？它一般用于比喻科举高中、升官发财、飞黄腾达之事；又比喻逆流前进，奋发向上。

鲤鱼代表的是通过自己的努力，终于获得成功的人。剪纸纹样中鲤鱼要突出大眼睛和摆动的大尾巴，身体常用月牙纹、锯齿纹等装饰。

鲤鱼跃龙门　陕西　武燕

跟我剪一剪

（1）鲤鱼与龙门是这幅剪纸的主体，先剪出它们的轮廓；

（2）在龙门上加入剪纹，突出龙门的特征；

（3）剪出鲤鱼又大又圆的眼睛；

（4）在鲤鱼身上添加月牙纹，表现鲤鱼漂亮的鱼鳞；

（5）再修饰一下，一幅鲤鱼跃龙门的作品就完成了。

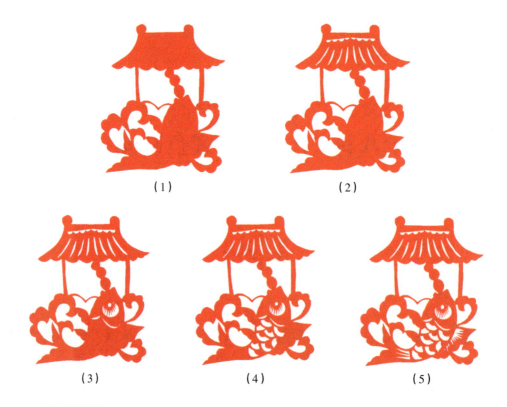

(1)　　　　　　　　(2)

(3)　　　　　　　(4)　　　　　　　(5)

小窍门

　　鲤鱼跃龙门,要突出"跃"的动态,所以我们在剪鲤鱼的时候,让鱼头向上,就会有跳跃的动感、活跃感。

　　　　这位同学完成的鲤鱼跃龙门,可爱稚趣,画面整体布局饱满,如果鲤鱼的动态向上、头部向上,就会有向上的动感了呢!

学生作品

第十九讲 怎样剪"连升三级"

在第十一讲中我们知道了"禄"的寓意:高官厚禄、事业亨通。剪纸中多用谐音和寓意手法进行创作,这一讲我们来学习同样寓有"禄"含义的"连升三级"。

连升三级 陕西 武燕

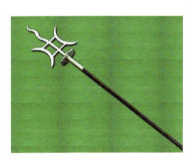

戟

"连升三级"取谐音"戟","戟"在古代为兵器,比喻加官晋爵,速度很快。

跟我剪一剪

（1）折剪出戟和莲花的外形，剪纸中一定要设计三个戟，其他的纹样可以适当添加；

（2）掏剪出戟的内部花纹；

（3）在莲花中加入锯齿纹，使其更具有美感；

（4）折剪出花瓶中的装饰剪纹；再修饰一下，慢慢打开，连升三级就完成了。

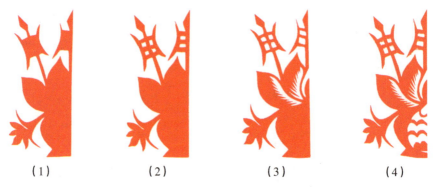

　（1）　　　　　（2）　　　　　（3）　　　　　（4）

小窍门

采用折剪的方法，从中间剪出半个戟的外形，打开便是一个完成对称的戟。

小诊所

学生作品

这幅连升三级，突出表现三个戟，整体造型与添加的剪纹比较合理。如果可以把戟剪得大一点，就更加能突出戟的特点。下面的花瓶也可以再大一些，使重心更稳。

第二十讲　怎样剪"官上加官"

看到雄赳赳、气昂昂的大公鸡,小朋友们会联想到什么呢? 这一讲我们来学习剪大公鸡,并了解它的吉祥寓意。

官上加官　陕西　武燕

"官上加官"是汉族传统的吉祥图案。由雄鸡、鸡冠花组成,雄鸡头顶有大红冠,"冠"谐音"官",寓意步步高升。

雄鸡羽毛与身形是很漂亮的,我们在进行剪制的时候,可以突出表现它丰满的羽毛,饱满的身形,表现出雄鸡雄赳赳、气昂昂的体态。

跟我剪一剪

（1）先剪出公鸡的外部轮廓,雄赳赳、气昂昂的公鸡很威风,大大的鸡冠花在头顶;

（2）装饰纹样,突出鸡冠花的特点;

（3）掏剪出公鸡的翅膀，加入贯钱纹与月牙纹，再修饰一下就完成了。

（1）　　　　　　　　（2）　　　　　　　　（3）

小窍门

　　剪公鸡的时候，心中可以想着把公鸡分为三个部分，头、身体、尾巴，身体可以剪为一个大的椭圆形，脖子与尾巴间距不宜过大；将尾巴高高翘起，既能表现公鸡美丽的身形又平衡了画面。

剪一剪，试一试

官上加官　郑桦恒

　　这位幅作品采用折剪的方法，画面饱满，公鸡动态生动。如果添加剪纹时能适当有聚散，画面就更协调了。

第三单元　怎样剪寿花

主讲人：赵雄韬　霍文正

　　尊老、敬老是我国的传统美德。每当老人过寿，晚辈们往往会将剪纸寿花作为礼物献给老寿星，以此表达自己对老寿星衷心的祝福。这一单元我们将学习剪"寿"花。与寿花有关的传统剪纸题材非常多，经过长时间的演变，寿花剪纸作品也在不断的丰富。寿花剪纸常以谐音象征的手法和夸张变形的吉祥符号来比喻长寿，形成了风格各异的剪法。

　　赵雄韬，北京市朝阳区实验小学美术教师，北京市朝阳区骨干教师。辅导的学生作品《我能看清最下面的字》在2016年"第三届全国儿童剪纸作品展"中获金奖。剪纸作品《龙生凤养雕打扇》被评为2017全国非遗进校园剪纸展优秀作品。

　　霍文正，北京市朝阳区实验小学美术教师。辅导的学生作品在2016年"第三届全国儿童剪纸作品展"中获奖。辅导的学生在2017年全国中小学书画比赛中成绩优异，她本人评为优秀辅导教师。

第二十一讲　怎样剪寿桃

这一讲将学习用对称的剪法剪出桃子,并学会用暗刀法剪出叶子。

桃子

寿桃

自古桃子就有着"仙桃""寿桃"的美称。传说中,每次西王母娘娘做寿,都会设蟠桃会宴请各路神仙,所以在民间也有用仙桃来祝寿的习俗。

寿桃　福建　金素清

这幅剪纸中的寿桃是对称图形,运用对折方法剪出桃子和叶子,再添加些吉祥纹样和装饰纹样,漂亮的寿桃是不是很简单就剪出来了?

跟我剪一剪

(1)先将纸对折,直接剪出寿桃的外形;

(2)从闭口边剪出开口和简单装饰纹样;

(3)从上一步剪出的开口位置添加毛毛纹,装饰桃子;

(4)再剪出叶脉装饰一下作品,慢慢打开,寿桃就完成了!

(1)　　　　　　　(2)　　　　　　　(3)

(4)

小窍门

剪刀先从闭口边剪出开口,从这些开口处再剪剪纹,被称为"暗刀法","暗刀法"安排得巧妙,在不影响画面整体效果的前提下,大大提高了我们剪纸的效率。

暗刀法

剪一剪，试一试

在剪寿桃的时候可以加一些寿字的纹样，让寿桃的特点更突出！

第二十二讲　怎样剪松树

通过本讲的学习，加强对毛毛纹的练习，使剪纸作品更加真实。

松树

松针

松树，是地球上最长寿的植物之一，也是植物王国中的寿星，有着"百木之长"的美誉。

三阳开泰（局部）　陕西　武燕

这幅剪纸中松树的姿态是横向出枝，松针为针状并且成簇生长。从侧面看，一组松针很像一个扇形，所以为了突出这一特点，在剪的时候先剪出扇形轮廓再剪松针。

跟我剪一剪

（1）在纸上勾勒出松树的外形和成组的松针；

（2）沿勾勒出的线条剪出轮廓；

（3）在松针的轮廓上剪出放射状的毛毛纹装饰松针；

（4）适当运用剪纹装饰树干，作品完成。

（1）　　　　　　　　　　（2）

（3）　　　　　　　　　　（4）

小窍门

　　将剪好的扇形松针轮廓利用暗刀法开口,再从开口处剪出松针。剪松针时剪刀尖要始终对着扇形的中心,这样剪出的毛毛才是放射状的哦!

示范作品

小诊所

　　这幅作品中松针并排长在树干上,而实际上,松针应为一组一组出现,不能没有规律的随意排列。所以,在剪之前要布局好松针的遮挡关系。

学生作品

第二十三讲　怎样剪仙鹤

通过本讲的学习,加强月牙纹的练习,让鹤的羽毛更加生动逼真。

仙鹤

古有传说鹤为仙禽,神人驾鹤升天。鹤有"鹤寿千年"之说,人们将它作为吉祥长寿的代表,有延年益寿的美好寓意。在一些地区的文化中,仙鹤也有吉祥、忠贞的寓意。

松鹤延年　福建　董雅萍

仙鹤的体态纤长轻盈,姿态优美,尤其是仙鹤的喙、颈、腿特别纤细,所以在剪的过程中要注意这些部位的特征。

跟我剪一剪

(1)根据仙鹤纤长的特点,勾勒出仙鹤的外轮廓;

(2)沿轮廓线剪出仙鹤的外形;

(3)剪出仙鹤身上的花纹,仙鹤翅膀处多用月牙纹来表现羽毛的轻盈。

(1)　　　　　　(2)　　　　　　(3)

小窍门

月牙纹是最常见的剪纹之一,我们在剪月牙纹的时候入剪在镂空部分的中间,避免把刀尖扎在轮廓线上对纸造成损伤,让剪纹边缘参差不齐。

月牙纹的多种剪法

剪一剪，试一试

作品一　　　　　　　　　　　作品二

学生作品

这幅作品仙鹤的动态很生动，剪纹很漂亮，但是仙鹤的特征不鲜明，腿部应该再修长纤细一些，翅膀再大一些。

第二十四讲　怎样剪"松鹤延年"

通过本讲的学习,锻炼学生对松树的外形与鹤的动态的表现。

松鹤延年　北京　王宁

　　松是百木之长,长青不朽,是长寿和有志有节的象征;鹤为长寿之鸟。这幅图中还包含了古代传说中的仙人赤松子和王乔的故事,表现祈福祝寿之意。

　　松树劲拔有力,挺拔茂盛,剪纸中仙鹤栖息在树冠上树枝头,或翘首远望,或仰天长啸,姿态优美。

鹤跃松头　北京　霍文正

跟我剪一剪

（1）在纸上勾勒出松、鹤的轮廓和剪纹草稿；

（2）沿草稿剪出外轮廓；

（3）剪出月牙纹装饰树干，在需要剪松枝和羽毛的地方剪出开口；

（4）用毛毛纹剪出密密排列的松针和仙鹤的羽毛。

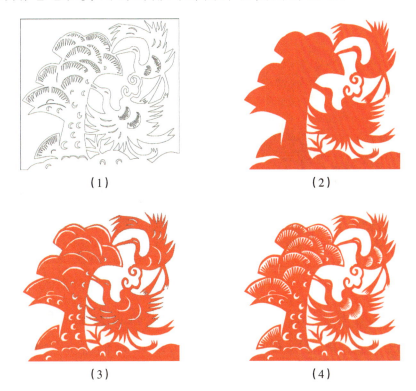

（1）　　　　　　　　　　（2）

（3）　　　　　　　　　　（4）

剪一剪，试一试

这幅作品松树形态标准，松枝的表达很清晰，有长短变化；仙鹤姿态各异，松与鹤的组合一静一动搭配和谐。

学生作品

第二十五讲　怎样剪蝴蝶

通过本讲的学习,锻炼学生用对称的方法剪出蝴蝶。

美丽的蝴蝶

蝴蝶是剪纸中常用的形象之一,其最大特点就是对称。蝴蝶是爱情、婚姻的象征,古有梁祝化蝶的典故,所以人们经常会把双飞的蝴蝶作为自由恋爱的象征;蝴蝶形象优雅美丽,也被人们视为吉祥美好的象征。

蝴蝶是典型的对称图形,蝴蝶的造型美丽与否取决于翅膀。所以,在剪制过程中对于蝴蝶翅膀的造型可以发挥想象,大胆创新!

蝴蝶　北京　霍文正

跟我剪一剪

（1）先将纸进行对折；

（2）从闭口边勾勒出蝴蝶的轮廓以及内部剪纹；

（3）剪出蝴蝶的轮廓和内部的剪纹装饰；

（4）剪好之后将作品打开，一只美丽的蝴蝶就完成了。

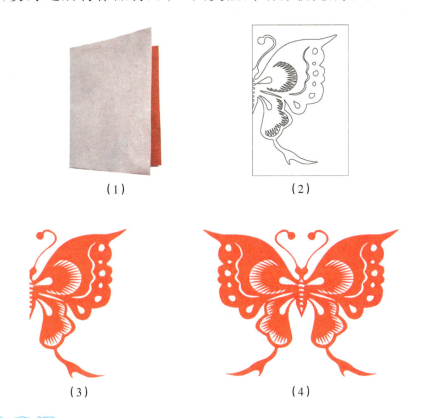

（1）　　　　　　　　（2）

（3）　　　　　　　　（4）

小窍门

蝴蝶的特点是对称，并且上面的大翅要足够大才漂亮，如果能将大翅稍微向上剪，蝴蝶的样子会更加漂亮。

剪一剪,试一试

京味蝴蝶　北　京　韩亚丰

不仅蝴蝶的外形可以变换,在蝴蝶的翅膀上还可以添加自己喜欢的剪纹和装饰,赶快试试吧!

蝴蝶一　沈靖菡

蝴蝶二　杜晴崑

蝴蝶三　赵晨杰

蝴蝶一剪纹平滑,运用了暗刀法,触角纤细挺直;蝴蝶二外形粗犷,小翅剪得比较轻巧,大翅剪纹较单一;蝴蝶三造型夸张,剪纹丰富疏密得当,触角弯曲纤细。

第二十六讲　怎样剪"耄耋"

通过本讲的学习，真正了解"猫蝶"的吉祥寓意。

猫与蝶

　　耄耋之年是指八九十岁的年纪。耄读 mào，耋读 dié，"猫蝶"谐音"耄耋"，有长寿的寓意。所以给老人祝寿的时候，送以猫和蝶为主题的剪纸作品，就是祝老年人健康长寿。

猫蝶图　福建　董雅萍

　　小猫的身体非常灵活，性格好动，所以用剪小猫的时候，要尽量体现出小猫的活泼，使小猫的姿态动起来。蝴蝶在作品中起到点缀作用，注意不要喧宾夺主哦！

跟我剪一剪

（1）在纸上简单勾勒出小猫的外轮廓；

（2）剪出小猫的外轮廓；

（3）根据小猫的特点剪出小猫身上的花纹；

（4）把上一讲中练习的蝴蝶摆在合适的位置，一副猫蝶图就剪完啦！

（1）　　　　　　　　　（2）

（3）　　　　　　　　　（4）

学生习作

左图中所剪的毛毛纹没有毛尖，想要剪出尖尖的毛毛纹，下剪时从右向左剪，刀尖微微向左偏。

剪一剪，试一试

　　小猫和蝴蝶的组合，不仅可以分散，也可以融为一体。既可以用蝶装饰猫，也可以用猫装饰蝶。你还有什么好的想法，可以充分发挥想象哦！

猫蝶　北京　赵雄韬

耄耋　北京　赵叶

猫蝶

　　这幅剪纸中，猫的身体多用弧线，表现了猫的圆润可爱；大大的眼睛仿佛会说话；胡须采用阴阳剪结合的方法是作品的亮点。

第二十七讲　怎样剪"寿星"

这一讲我们学习剪寿星,剪人物时要注意抓住人物的特点。

五子捧寿　陕西　武燕

寿星又称南极老人星、长寿大帝,他是古代神话中的长寿之神,也是道教中的神仙追求长生的信仰。寿星本为恒星名,为福、禄、寿三星之一。寿星的形象是白须老翁,手持仙杖,头高额隆,大耳短身躯。寿星的剪纸作品常与鹿、鹤、仙桃等相组合,象征长寿。

跟我剪一剪

(1)将纸对折后,沿闭口边勾勒出寿星一半的外形及剪纹草稿(闭口边是寿星对称轴);

(2)沿轮廓线剪出寿星的外形;

(3)剪出脸部及服装上的装饰纹样,保留左肩处的龙头轮廓;

(4)将纸打开剪出左肩上方的龙头造型,右肩上其余部分造型可随意发挥。

（1）　　　　　（2）　　　　　（3）　　　　　（4）

　　当创作的剪纸图案有对称的部分也有不对称的部分的时候，要先剪出对称的部分，然后再分别剪出不对称的部分，这样看上去既四平八稳，又富于变化。

剪一剪，试一试

学生作品一

学生作品二

　　这两幅作品都抓住了寿星的特点，寿星的身形左右对称，不对称的部分也设计巧妙。学生作品一中的寿星阴刻与阳刻合理搭配，上窄下宽的构图显得四平八稳。作品二中以阴刻为主，若再多些阳刻，将寿星的特征再突出一些，整体会更加美观。

第二十八讲　怎样剪寿字纹

这一讲主要学习寿字纹的剪法。

以"寿"字演变的纹样,被称为寿字纹。寿字纹既有多字组合的,也有单字构图的,单字中字形圆的称"圆寿"或"团寿",字形长的称"长寿"。"团寿"的线条环绕不断,寓意生命绵延不断;"长寿"则是借助寿字长条的形式表示生命的长久。寿字纹可用作剪纸作品的主体,也可以作装饰。

福寿狮王　福建　金素清

仙桃祝寿　北京　赵雄韬

跟我剪一剪

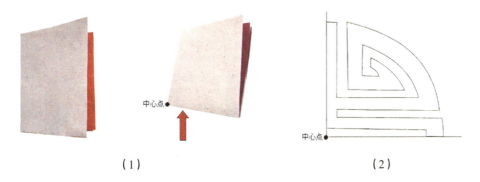

（1）

（2）

（1）先将纸对折,然后再对折找出中心点;

（2）在折好的纸上画出寿字草稿,找对中心点;

（3）沿草稿的轮廓剪出,展开就是一个寿字纹。

（3）

剪一剪,试一试

小窍门

示范

寿字纹纵横交错、条纹回转,在画好草稿之后,可以用小斜线划阴影代表剪掉的部分,以免错剪掉细小的连接线。

佳作欣赏

福寿有余 北京 赵雄韬

寿上富贵 北京 赵雄韬

　　学会剪寿字纹后可以在寿字纹的周围加上吉祥图案,或是把寿字纹加在学过的吉祥图案当中。这时需注意寿字纹与其他图案的连接要巧妙,既要连接牢固,又要突出纹样的特点。上面作品中的寿字纹较粗,如果能与吉祥图案形成粗细对比,效果会更完美。

第二十九讲　怎样剪"寿"字

这一讲学习剪"寿"字,看一看"寿"字有哪些不同的剪法。

所谓"五福之中,以寿为先"的说法,道出了人们珍爱生命、期盼长寿的理想和追求。"寿"字成为儿女尊重孝敬长辈、祝福健康长寿的绝佳载体。

福寿双全　陕西　武燕

这幅"寿"字剪纸造型丰富,包含了多种表达吉祥的剪纹装饰。

1. 灵芝,寓意:长生不老

2. 蝙蝠,寓意:幸福无边、佛佑吉祥

3. 寿桃,寓意:延年益寿

4. 仙鹤,
5. 松树,　　寓意:松鹤延年

6. 寿山石,寓意:长寿之石

7. 牡丹,寓意:富贵吉祥

8. 贯钱,
9. 鲤鱼,　　寓意:富贵有余

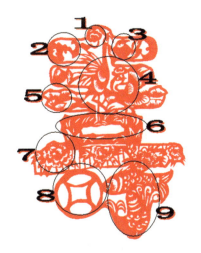

贺寿图　北京　霍文正

跟我剪一剪

（1）在纸上写一个寿字；

（2）再沿着寿字笔画勾勒出外轮廓，为单线的寿字加粗，宽度自定；

（3）最后擦掉第一步中的单线寿字，使相交的笔画相互连接打通，再将它剪下来。

（1）　　　　　　（2）　　　　　　（3）

小窍门

　　如果觉得寿字的简体比较简单，也可以采用古体的寿字，会让字看起来复杂平稳，更有内涵。

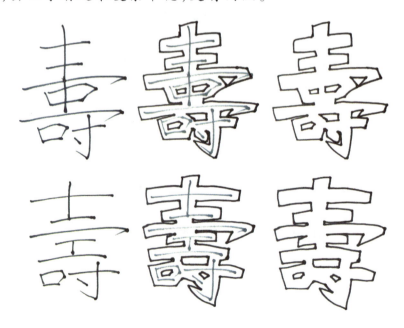

学生作品

这幅剪纸中,寿字剪反了,因为直接在作品背面打稿,翻过来就会呈现相反的字。正确的剪法如下。

方法一:直接在红纸背面反写一个寿字;

示范一

方法二:在另外一张纸上写好一个正着的寿字,覆在红纸上,一同剪出即可。

示范二

第三十讲 寿花综合练习

我们在这一单元学习了多个关于寿的剪纸图案,在这一讲中,我们试着将所学内容进行组合,创作富含多种寿字含义的作品。

1. 这幅作品当中能够表现"寿"含义的元素有哪些?

写一写:＿＿＿＿＿＿＿＿＿＿。

2. 除寿元素外还有哪些吉祥元素?

＿＿＿＿＿＿＿＿＿＿＿＿＿。

寿阿福 北京 赵雄韬 陕西 武燕

下面这些元素是我们之前学过的有关"寿"的剪纸图案,想一想,它们可以有哪些组合方式?试着在下面的方框内画一画它们的位置。

佳作欣赏

松鹤同寿　北京　霍文正

献寿童子　北京　刘丹

第四单元　怎样剪喜花

主讲人：金姬　张璐

　　喜花，是我们民俗剪纸中一个很重要的内容。婚迎嫁娶离不开剪纸喜花，喜花不是简单的喜字，"鸳鸯戏水""连年有余"等组合形象象征夫妻婚姻美满、爱情长久、家庭幸福、生生不息。

　　金姬，北京市朝阳区实验小学高级教师、教学主任，组织辅导百余名学生参加全国、市、区级美术比赛，频频获奖。2016年，组织本校教师指导学生剪纸，在"第三届全国儿童剪纸作品展"中成为获奖级别最高、获奖最多的学校。其论文、剪纸被评为2016全国非遗进校园研讨会暨剪纸优秀论文、优秀作品。她本人被评为非遗进校园先进学校领导。

　　张璐，北京市朝阳区实验小学美术教师。其辅导的多名学生在2016年"第三届全国儿童剪纸作品展"中获奖，连续四年指导学生参加全国中小学书画比赛并取得优异成绩，多次获得优秀辅导教师奖。辅导的学生作品多次对外展出。

第三十一讲 怎样剪"双喜花"

在初级课程当中我们已经学习了如何剪"囍"字,今天我们来学习剪制带图案装饰的喜花。

你知道双喜字的由来吗?传说宋代的王安石在元宵节进京赶考。路上有一个大户人家高悬走马灯,灯上写一副上联,征对招亲,谁能对出下联,就将小姐许配给他,但始终无人能对出下联。科考结束后,王安石对出了下联,当上了这家的乘龙快婿,在洞房花烛夜时又得知了金榜题名的好消息,可谓喜上加喜。从此"囍"便成了婚迎嫁娶的吉祥符号,流传至今。

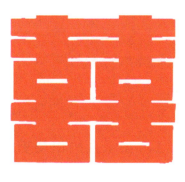

双喜字

双喜字结构非常巧妙,它是中国民俗艺术中的一绝。两个并列的喜字方正对称,骨架结构稳定,就像男女并肩携手站立。囍字中有四个口,具有男女欢喜,子孙满堂,家庭幸福美满的含义。

鸳鸯

古书《禽经》载："鸳鸯匹鸟也，朝倚而暮偶，爱其类也。"千百年来，鸳鸯一直是夫妻和睦相处、相亲相爱的美好象征，也是中国文艺作品中坚贞不移的纯洁爱情的化身，备受赞颂。所以民间结婚喜事的时候通常用鸳鸯作为吉祥图案。

婚迎嫁娶是民间很重要的事情，在婚俗剪纸当中，内容通常要表现得喜庆、丰富。今天我们就来学习用鸳鸯图案装饰喜花，以表达对婚姻生活幸福美满的期盼。

跟我剪一剪

1. 对折剪"双喜字"。

（1）我们先将纸沿中线对折；

（2）按照我们初级课程当中学习的剪喜字的方法剪出喜字部分。

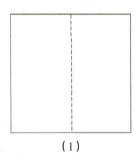

（1）

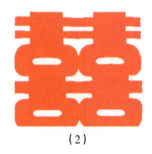

（2）

2. 剪鸳鸯。

（1）选一张比双喜字宽一些的红纸，对折，在纸上画出要剪制的鸳鸯形象；

（2）用折剪和直插刀法先从内装饰开始剪制；

（3）再将鸳鸯的外轮廓用开口刀法剪出来，展开，鸳鸯就剪好了。

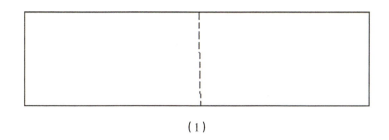

(1)

(2)

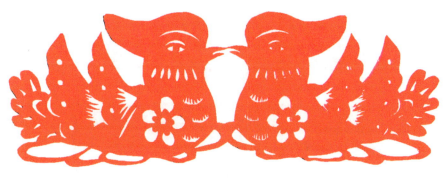

(3)

3. 组合完成"双喜花"。

将剪制完成的囍字和鸳鸯压平,慢慢打开。囍字在上,鸳鸯在下,我们的"双喜花"就完成啦!

双喜花

佳作欣赏

鸳鸯双喜　陕西　武燕

第三十二讲　怎样剪"绣球纹"

这一讲我们来学习一种象征着爱情和女性的剪纸纹样——绣球纹。了解绣球的来历，并应用绣球纹制作一副剪纸。

绣球

绣球是中国的民间吉祥物。相传，在壮族的小村庄中有一位穷人家的阿弟爱上了邻村的姑娘阿秀，两人情投意合。当地一名恶霸想把阿秀姑娘占为己有，阿秀姑娘不从，恶霸就勾结官员将阿弟打入地牢，判了死刑。阿秀姑娘整日以泪洗面，导致双目失明。失明之后阿秀开始为阿弟缝制绣球，鲜血让绣球充满了灵气。阿秀后来见到了阿弟，摸出绣球将它挂在阿弟的脖子上。这时绣球灵光一现，将二人带到了一个美丽富饶的山脚下，过上了幸福的生活。自此之后，抛绣球就常常作为男女青年表达爱意的方式。

抓髻娃娃　陕西　武燕

绣球纹在剪纸当中的应用非常广泛，这个纹样被人们用来寓意生殖崇拜和对爱情的美好向往。这幅剪纸中黄色圆圈内的纹样就是绣球纹。

跟我剪一剪

（1）将纸张对折两次；

（2）画出1/4个绣球纹的样子；

（3）剪"绣球纹"里面的花纹，运用直插刀法先剪出柳叶纹，之后再把中心的圆点纹以及外围的圆点纹剪制出来；

（4）剪外轮廓：

①用阳刻手法表现的"绣球纹"。剪"绣球纹"外轮廓时，注意外周的四个小圆点要贴紧绣球的轮廓；

②用阴刻手法表现的绣球纹。

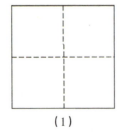

（1）

（2）

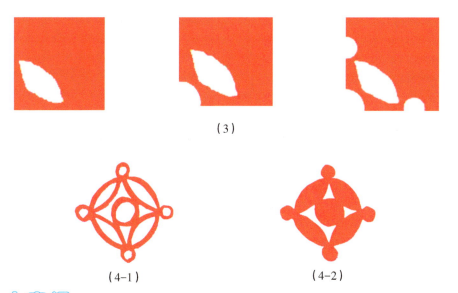

（3）

（4-1）　　　　　　　　　（4-2）

小窍门

在剪绣球纹中间部分四个柳叶纹时，注意不要剪得严丝合缝，每个剪纹间适当留一点距离，这样剪出来的纹样才不会断。

小诊所

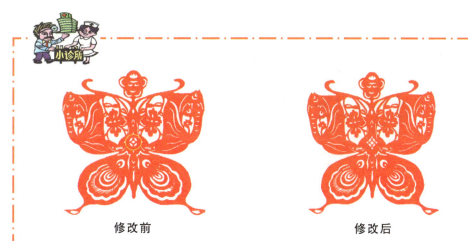

修改前　　　　　　　　　　　　修改后

这幅作品所呈现的整体剪纹很丰富。虽然表现的是蝴蝶，但是整体形象像是一个蝴蝶娃娃，非常有趣。如果绣球纹外周的圆点纹离中心的剪纹近一些，再突出一些就更好了！

第三十三讲　怎样剪"合卺扣碗"

这一讲我们学习剪"扣碗花"，了解"扣碗花"的吉祥寓意。

扣碗又叫合碗，是将碗等器具上下扣合，再用"龙戏凤""鱼戏莲""蝶恋花"或"石榴生子"等纹样装饰，意味着夫妻恩爱和子孙连绵。

洞房合卺礼扣碗　唐代

扣碗花是民间婚俗中的一种喜花样式，通常用于张贴在新房或者新房的物品上。这种独特的剪纸造型源于古代的婚俗仪式"合卺（jǐn）"。

跟我剪一剪

（1）将纸沿中心线对折；

（2）在对折好的纸上面绘制图案，注意是在闭口边进行绘制。先将扣碗的外轮廓画好，然后再以凤凰和石榴为主装饰扣碗（凤凰与石榴寓意着婚姻美满幸福）；

（3）仔细剪出凤凰和石榴的剪纹以及外形；

（4）调整细节，慢慢打开，我们的作品就完成啦！

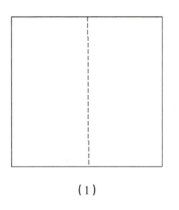

（1）　　　　　　　　　　　　（2）

（3）　　　　　　　　　　　　（4）

小窍门

　　"扣碗花"碗里的剪纹内容需要重点突出，所以一般都需要有大面积的镂空。

第三十四讲　怎样剪"喜鹊登梅"

这一讲我们要了解"喜鹊登梅"的吉祥寓意，学习剪制"喜鹊登梅"。

喜鹊登梅　福建　董雅萍

梅花有五瓣，分别比喻为"福禄寿喜财"五福，在古代又被称为"报春花"；喜鹊的叫声婉转动听，"喜鹊登梅"有着喜报春光、喜上眉梢的吉祥喜庆之意。

跟我剪一剪

在初级课程当中我们已经学会了如何剪梅花，今天我们主要学习剪两只大大的喜鹊。

（1）将纸沿中心线对折；

（2）在对折好的纸上进行画稿，注意从闭口边开始画起；

（3）我们先从内装饰开始剪制，喜鹊的羽毛可以用毛毛纹表现，利用直插刀法，喜鹊的眼睛可以用月牙纹来代替；

（4）用花朵装饰喜鹊的身体；

（5）喜鹊的尾巴用伸缩的锥形纹来表现；

（6）在飞起来的翅膀下面还可以加一些麦点纹；

（7）剪制梅花部分，梅花有五瓣，花蕊部分可以用毛毛纹来表现；

（8）用开口刀法将外轮廓剪制出来，最后慢慢打开，调整细节。我们的作品就完成啦！

（1）　　　　　　（2）　　　　　　（3）

（4）　　　　　　（5）　　　　　　（6）

（7）　　　　　　　　　（8）

第三十五讲　怎样剪"榴开百子"

这一讲我们要了解"榴开百子"的寓意,并学习剪制"榴开百子"。

石榴,为吉祥物,因为石榴剥开后有很多籽,象征着多子多福。古人称石榴"千房同膜,千子如一"。民间婚嫁之时,常于新房案头或他处置放切开果皮、露出浆果的石榴,亦有以石榴相赠祝吉者。

"榴开百子",石榴是多子的果实,象征着生殖繁衍,人丁兴旺,多子多福。

找一找这幅剪纸中的石榴在哪儿?

对了,在小娃娃的脚下。这幅剪纸主要描绘了小娃娃和多个大小不同的石榴。

榴开百子　福建　董雅萍

跟我剪一剪

(1)这次的创作我们主要表现的是石榴里面盘坐着一个小娃娃,在绘制石榴外形时注意要画得饱满,不要过小;

(2)用开口刀法先将石榴的造型剪出来,然后用直插刀法将石榴内部的小娃娃形象剪出来;

（3）用直插刀法剪制小娃娃的头部，小娃娃的胳膊用飞燕纹来进行装饰，小娃娃的身体用月牙纹来装饰；

（4）调整细节之后我们的作品就完成啦！

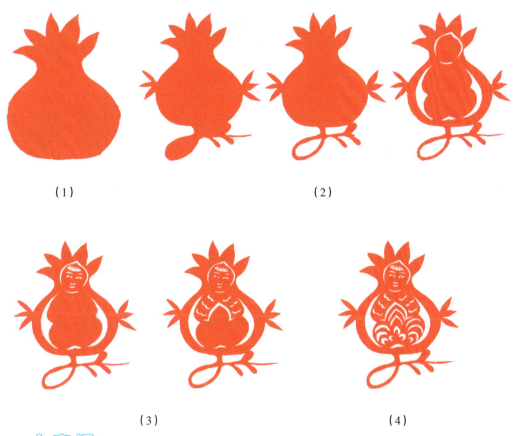

（1）　　　　　　　　　　　　（2）

（3）　　　　　　　　　　　　（4）

剪"榴开百子"，可以先将外轮廓的石榴造型剪出来，然后再剪里面的娃娃。

第三十六讲　怎样剪"凤戏牡丹"

在"喜"文化剪纸当中,有一个很重要的主题单元,就是"凤凰",这一讲我们就来学习有关"凤凰"的剪纸知识。

《山海经·南山经》曰:"凤凰,其状如鸡,五采而文,为羽中最美者。"雄为凤,雌为凰,总称为凤凰,常用来象征祥瑞。凤凰与龙同为汉民族的图腾,亦称为丹鸟、火鸟、鹍鸡、威凤等。

凤凰,有崇尚光明的品质,是太阳鸟,火之精。该鸟雌雄同飞,相和而鸣,多有"鸾凤和鸣""凤戏牡丹"等题材比喻婚姻美满、祥和如意。

龙凤呈祥　陕西　武燕

跟我剪一剪

今天我们学习剪制"凤戏牡丹"。

1. 剪制凤凰。

(1)凤凰尾部有三、五羽成雉翎,头部像鸡,画时要抓住凤凰的这些特征；

（2）先用直插刀法将凤凰的内装饰纹样剪出来，我们可以先剪眼睛，然后在身体的部位用一些伸缩纹去装饰；

（3）将整体轮廓剪下来。

（1）

（2）

（3）

小窍门

在剪制凤凰时，可以多欣赏一些民间的民俗剪纸，凭借自己的直觉去剪制，剪出民俗味道。可以似凤凰非凤凰，不要求精、准、像！大胆地去剪出自己想象当中的凤凰！没有对与错之分！

2．剪牡丹。

（1）盛开的牡丹是具有层次的，画稿时要画出至少两层的牡丹花；

（2）想要表现牡丹花的层次感，可以使用毛毛纹；

3．把凤凰和牡丹组合在一起"凤戏牡丹"就完成了。

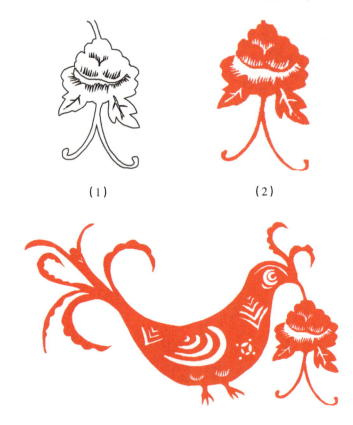

（1）　　　　　　　（2）

凤戏牡丹

佳作欣赏

凤戏牡丹　陕西　武燕

吉庆有余　北京　王潇潇

第三十七讲　怎样剪"喜娃娃"

这一讲主要了解喜娃娃的吉祥寓意，并学习剪制喜娃娃。

喜娃，又称"喜娃娃"，是结婚时贴在洞房里的，寓意子孙延续，多子多福，表达了老百姓对美好生活的期望。这种"喜娃娃"也叫抓髻娃娃，最具代表性的抓髻娃娃剪纸要数新婚夫妇新房内贴的"帐房花"，也称"坐帐花"了。

祭祀生育神女娲　宋代　甘肃

抓髻娃娃，是陕北地区特有的纹样，把娃娃头上梳的两个抓髻剪成鸡形，甚至将娃娃的肩部、衣角、脚下，也都剪成对称的鸡形装饰。鸡同"髻"和"吉"谐音，表示吉祥的寓意。

在初级课程当中我们已经学习了许多吉祥图案的寓意，让我们在下面两幅作品中找一找吧！

抓髻娃娃　陕西　武燕　　　　　　　抓髻娃娃　北京　金姬

你在以上这两幅《抓髻娃娃》中能找到哪些吉祥图案呢?(在找到的图案前的"□"中画"√")

□ 🐦 喜鹊　　　　□ 🐐 鸡　　　　□ 🐰 兔子

□ 🪷 莲花　　　　□ 🔴 石榴　　　　□ 🐟 鱼

根据以上图案,你能总结出不同的抓髻娃娃的寓意吗?

"抓髻娃娃"多以荷花、石榴代表女性。小娃娃的发髻变化为鸡或鸟的形象,"髻"与"鸡"又和"吉"为谐音,所以具有吉祥如意的寓意。

跟我剪一剪

今天我们要学习的是用鸟、莲花进行装饰的抓髻娃娃,请同学们和老师一起来制作吧!

(1)将两张红纸正面面对面,背面向外,左右对折订好;

(2)在纸上画出娃娃,画抓髻娃娃时,注意娃娃的整体形态:头发、鸟的翅膀、莲花花瓣用锯齿纹装饰,眉毛、鸡的脖子用月牙纹装饰;

(3)外轮廓采用"上剪"的方法剪出来;

(4)对折部分的表现头发的锯齿纹,用"折插刀法"剪出来;

（5）图案里面的纹样采用"直插刀法"剪出来；

（6）剪完后进行适当调整，展开，就完成啦。

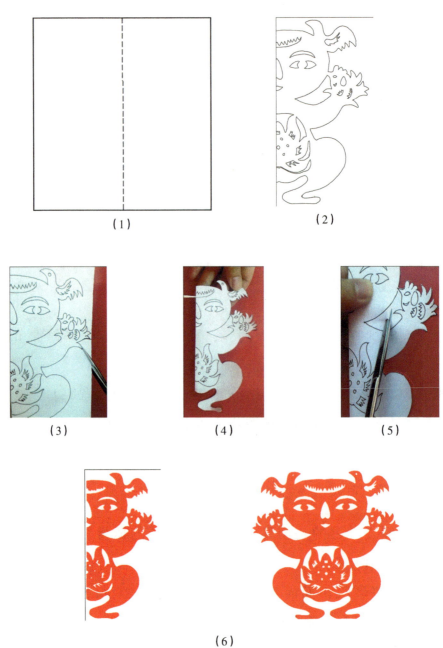

（1）

（2）

（3）

（4）

（5）

（6）

小窍门

"头大圆圆,双臂上举,双足外翻。"按照这个小口诀剪出的抓髻娃娃一定很可爱!

剪一剪,试一试

在抓髻娃娃身上,还可应用其他具有吉祥寓意的图案,赶快试一试吧!

作品一

作品二

学生习作

这幅作品娃娃头上的发髻用鱼的形象表示,这样的设计很好,只是图案有些小,看不清楚。我们可以用夸张的方法把这一部分放大一些。

第三十八讲　怎样剪"牛郎织女话七夕"

　　这一讲我们要了解七夕节的由来，学习剪制牛郎和织女，创作一幅"牛郎织女话七夕"。

　　你们知道牛郎织女的故事吗？他们每年会在七夕这一天也就是农历七初月七相会，这时人间的喜鹊就会飞到天上去，为牛郎织女搭桥，称为"牛郎织女鹊桥相会"。

牛郎织女鹊桥相会（明清传纹　河北）

　　2006 年 5 月 20 日，"七夕节"被中华人民共和国国务院列入第一批国家级非物质文化遗产名录，现被认为是"中国情人节"。

跟我剪一剪

现在我们来学习剪制"牛郎织女活七夕"。

1．剪牛郎织女。

（1）在一张正方形红纸背面，勾勒出牛郎织女的外形剪影；在人物脸部画出头发、眉毛、眼睛；

（2）分别剪出人物头部、发型中的纹样；

（3）沿勾勒出的线条将牛郎织女的外轮廓剪下，展开。

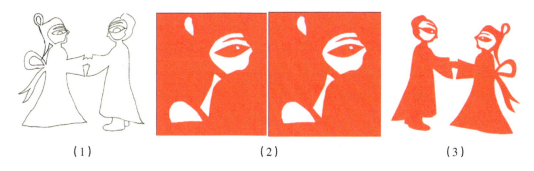

　　（1）　　　　　　　　　　（2）　　　　　　　　　　（3）

2．剪彩虹、鹊桥。

（1）选一张大于刚刚剪制出的牛郎织女的红纸，将纸张正面面对面，背面向外，订好四个角，对折；

（2）在纸上勾勒出彩虹、喜鹊，注意画面大小要把牛郎与织女包含进去；

（3）沿勾勒的图案将彩虹和喜鹊剪下，展开。

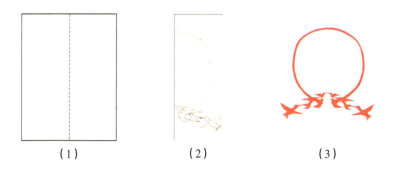

　（1）　　　　　（2）　　　　　（3）

3. 将牛郎、织女放在彩虹桥里面，粘贴好画面，这幅作品就完成了。

佳作欣赏

七夕相会　陕西　武燕

牛郎织女鹊桥相会　陕西　武燕

鹊桥相会　陕西　武燕

第三十九讲　怎样剪"老鼠娶亲"（一）

在民俗剪纸当中，老鼠是智慧的象征，同时又是十二生肖之首，这一讲我们学习剪可爱的老鼠。

老鼠娶亲　陕西　武燕

鼠因多子，常常被假托为"子神"，民间艺术中有关老鼠的题材几乎都与光亮有联系。在剪纸当中老鼠被人们拟人化，通常是活泼、机灵可爱的形象，多与瓜果、器皿结合。

跟我剪一剪

（1）先在纸上将老鼠的形象画出来；

（2）用直插刀法把老鼠头部的装饰剪出来；

（3）再从头部开始依次将老鼠的全身剪出来；

（4）最后剪出老鼠的外形轮廓。

（1）　　　　　　　　（2）

（3）　　　　　　　　（4）

佳作欣赏

老鼠娶亲（局部）　北京　王潇潇

第四十讲　怎样剪"老鼠娶亲"（二）

　　这一讲我们要学习的剪纸题材还是"老鼠娶亲"，练习多个"老鼠"组合的剪制方法。

老鼠娶亲　山西　明清传统纹样

　　春节前后，在全国各地都有剪"老鼠娶亲"的习俗。老鼠的繁殖能力极强，老鼠嫁女生子，象征人类繁衍、农业丰收、生活富裕；另外，选择春节贴"老鼠嫁女"，象征着新年里把老鼠送走（嫁掉），消灭鼠害，以图吉利。

跟我剪一剪

（1）根据我们上一讲学习的知识将老鼠的形象画出来，老鼠的动态可以生动一些；

（2）根据上一讲所学将老鼠的形象用阴刻的方法剪制出来，先用直插刀法剪制轿子顶；

（3）用折剪法将轿子当中的囍字剪出来；

（4）利用直插刀法将小老鼠身上的装饰剪出来；

（5）用开口刀法将整体轮廓剪制出来，调整细节，就完成了。

（1）

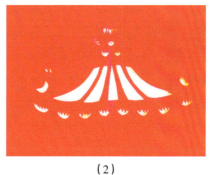

（2）

（3）

（4）

（5）

第五单元　怎样剪招财花

主讲人：崔柳青

　　民间剪纸善于把多种物象组合在一起，追求吉祥寓意成为意象组合的最终目的之一。这一单元我们要学习寓意着"财"的剪纸内容，有的是用象征的方法，有的是用谐音的方法表达"财"的吉祥寓意。"财"不仅是金钱的象征，更是代表着富足的生活和丰收的喜悦。朴素精美的剪纸寄托着人们美好的愿望和祝福，体现着中国人民积极乐观的生活态度，是我们中国人通过自己的努力创造财富的美的表现。

　　崔柳青,北京市朝阳区实验小学美术教师,专职剪纸教学负责人。辅导的多名学生在2016年"第三届全国儿童剪纸作品展"中获奖;辅导的多名学生在2017全国非遗进校园剪纸展获奖,她本人荣获优秀辅导教师奖;撰写的论文以及创作的剪纸作品被评为优秀论文和优秀作品。

第四十一讲　怎样剪"贯钱纹"

通过这一讲的内容，了解贯钱纹的基本知识，学会运用对称图形的原理剪出装饰有贯钱纹的图案。

铜钱

贯钱纹（铜钱）与方胜、宝珠、银锭、珊瑚、玉磬、犀角和灵芝合称八宝，是吉祥符号。两枚铜钱相连有"双全"的吉祥寓意。

贯钱纹作为吉祥符号广泛运用在民间美术中，剪纸中更是大量应用寓意财富的贯钱纹。

吉祥双全　北京　崔柳青

跟我剪一剪

（1）将纸对折，剪出相连的两个贯钱纹中共同的剪纹；

（2）再对应剪出贯钱纹中的其余三个剪纹；

（3）剪出贯钱纹中间的铜钱孔；

（4）剪出双钱的绸带装饰外形纹样；

（5）依次剪出镂空的部分，注意保持贯钱纹的圆形；

（6）再修饰一下作品，慢慢打开，就完成了！

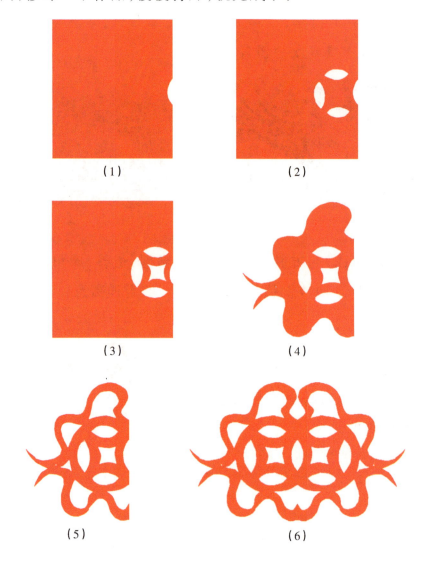

（1）

（2）

（3）

（4）

（5）

（6）

小窍门

　　由于贯钱纹的对称性，单独剪一个或多个连续的贯钱纹时，大多运用折叠的剪法。

剪一剪，试一试

北京市朝阳区实验小学　王怡辰　　北京市朝阳区实验小学　胡哲嘉

学生作品　　　　　　　　　　学生作品

　　这四幅作品都巧妙地运用了贯钱纹的对称性，在练习基本吉祥符号的同时创作了自己的作品。

第四十二讲　怎样剪牡丹

通过这一讲的内容,了解牡丹的吉祥寓意,加强对轴对称图形的认识,学会在生活中发现美、欣赏美、创造美。

雍容华贵的牡丹

牡丹花开时繁花似锦、雍容大度,素有"国色天香"的美誉,是花中之王。人们常称牡丹是"富贵"之花,寓意"吉祥富贵",表达人们的美好愿望。

剪纸花样中的牡丹用意象和夸张的方法,突出了牡丹的特征,造型饱满华贵。为了剪出花瓣层层包裹的形态,我们常把月牙纹、锯齿纹运用在牡丹纹样中。

花开富贵　北京　崔柳青

跟我剪一剪

（1）用对称的剪法剪出牡丹的外形；

（2）用直插刀法剪出牡丹花外层花瓣的毛毛纹；

（3）再依次剪出牡丹花里层花瓣的毛毛纹；

（4）我们还可以在花瓣和叶子上装饰月牙纹和柳叶纹；

（5）再修饰一下作品，慢慢打开，就完成了！

（1）　　　　　　　（2）　　　　　　　（3）

（4）　　　　　　　　（5）

小窍门

　　牡丹花瓣是多层的，相互重叠，我们常用阴剪的锯齿纹表现出层层叠叠的效果。

学生作品一　刘一拓　　　　　　　　学生作品二

　　两幅作品采用了折剪法和单剪法,各有各的美感。第二幅作品再增加几片不同方向的叶子就更好了!

剪一剪,试一试

学生作品

第四十三讲　怎样剪白菜

　　通过这一讲的内容，了解白菜的吉祥寓意，学会运用对称的方法剪出白菜。

白菜

　　白菜谐音"百财"，素有聚财、招财、百财聚来等吉祥寓意，寄托了人们对丰收、财富的希望。

　　要剪出生动的白菜形象，可以采用单独纹样或对称纹样，装饰锯齿纹、月牙纹突显结构，纹样疏密要得当。

富贵百财　北京　崔柳青

跟我剪一剪

（1）将长方形的纸对折，用对称的剪法剪出白菜的外形；

（2）用折剪和直插刀法剪出白菜中的月牙纹；

（3）用直插刀法剪出毛毛纹装饰白菜；

（4）我们还可以在适当的地方装饰些圆点纹；

（5）再修饰一下作品，慢慢打开，就完成了！

（1）　　　　　　（2）　　　　　　（3）

（4）　　　　　　（5）

学生作品一　　　　　　　　　　学生作品二　刘一拓

　　两幅作品都用了折剪法,学生作品一的白菜造型更加舒展,学生作品二加上了小篮子很有想象力,但叶子不够饱满。

剪一剪,试一试

学生作品三　　　　　　　　　　学生作品四

第四十四讲　怎样剪"连年有余"

　　通过这一讲的内容,了解"连年有余"的吉祥寓意,学习单独纹样的剪纸制作方法,设计自己的"连年有余"图案。

荷花

锦鲤

　　连年有余中的"莲"与"连"、"鱼"与"余"同音双关,中国人视鱼为富余、吉庆的象征。"连年有余"常应用在民间剪纸、年画等传统题材之中。

连年有余　北京　崔柳青

　　鱼的特点是有着流线型的外形,灵活的动态,适合进行多组形式的搭配。画面中加入莲花、莲蓬、水波纹等纹样组合成一个巧妙的旋转结构。

跟我剪一剪

（1）先剪出或画出连年有余的大样；

（2）剪出纹样中较小的剪纹；

（3）再依次剪出纹样中的其他剪纹；

（4）剪掉中间需要挖空的地方；

（5）剪掉外轮廓就完成了。

（1）　　　　　　　　　（2）　　　　　　　　　（3）

（4）　　　　　　　　　　　　　（5）

小窍门

　　创作单独纹样的作品时，剪定外形或画好大样是第一步。两个以上物体的组合，要确定好构图和大的动态，外形线条要流畅、简洁概括。

刘一拓

这幅作品表现完整，采用了折剪法，构图饱满，剪纹运用得当，画面黑白灰关系处理的也很不错，一些剪纹可以剪得再精细些。

剪一剪，试一试

学生作品一

学生作品二

第四十五讲　怎样剪"金蟾吐钱"

通过这一讲的内容，了解"金蟾吐钱"的吉祥寓意，设计出自己喜欢的"金蟾吐钱"图案。

蟾蜍

金蟾吐钱

金蟾就是三足蟾蜍，源于神话故事"刘海戏金蟾"。人们认为金蟾是吉祥之物，可以招财致富。它的体态肥硕，嘴衔铜钱，是"招财圣宝"。

金蟾招财　北京　夏莹莹

这幅作品中，金蟾象征财富，作者将同样象征财富的连年有余包含在金蟾的内装饰中，并且巧妙地将鱼的形象和蟾的四肢结合，形象有趣、寓意深刻。

跟我剪一剪

(1)将长方形的纸对折,用对称的剪法剪出金蟾吐钱的外形;

(2)剪出吉祥符号贯钱纹;

(3)剪出金蟾头部的剪纹;

(4)依次剪出金蟾身上其他的剪纹;

(5)最后修整一下,慢慢打开,作品就完成了。

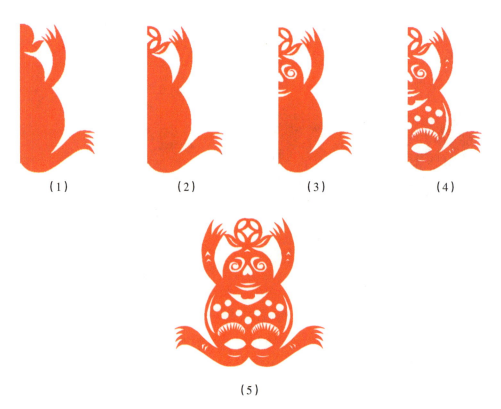

(1)　　　　(2)　　　　(3)　　　　(4)

(5)

小窍门

　　创作金蟾的形象时,对折剪出四只腿的金蟾更简单一些。金蟾四肢的形态要夸张,显得更生动。

剪一剪，试一试

学生作品一

这幅作品在教师示范的基础上加入了自己的创新，把金蟾的头部变成了人的形象，更有趣了！

学生作品二

这幅作品在金蟾身上加入了不同的剪纹，更富于动感。

学生作品三

这幅作品为金蟾设计了生存的环境，画面更加完整。

第四十六讲　怎样剪"金玉满堂"

通过这一讲的内容，了解"金玉满堂"的吉祥寓意，巧妙利用对称的方法，设计自己喜欢的"金玉满堂"图案。

金鱼　　　　　　　　　　　　金玉满堂

金玉满堂，出自《老子》，形容财富极多。金鱼与"金玉"谐音，数条金鱼在鱼缸中，寓意"金玉满堂"。

金玉满堂　北京　崔柳青

剪纸纹样中的金鱼要突出大眼睛和摆动的大尾巴。金鱼身体常用月牙纹、锯齿纹等装饰。鱼缸中配以水草和水波纹装饰更显动态美。

跟我剪一剪

1. 先剪出或画出金玉满堂的大样；

2. 剪出纹样中较小的剪纹；

3. 再依次剪出纹样中的其他剪纹；

4. 剪掉中间需要镂空的部分；

5. 最后剪掉外边缘，修整一下，打开就完成了。

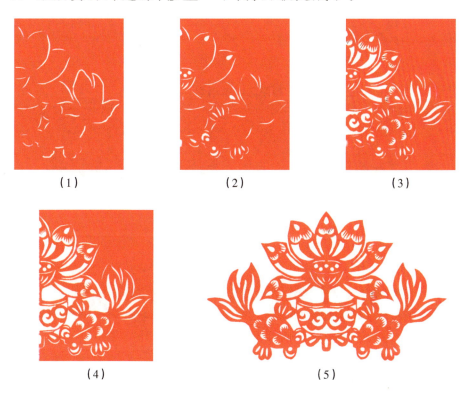

（1）　　　　　（2）　　　　　（3）

（4）　　　　　　　　（5）

小窍门

　　创作这类比较复杂的作品时，可以先画线稿。用简洁的形象表现莲花，用毛毛纹装饰花瓣，毛毛纹要剪得又细又长，既能表现灵动的感觉又能体现莲花内部的结构特点。

剪一剪，试一试

北京市朝阳区实验小学　郑骅恒

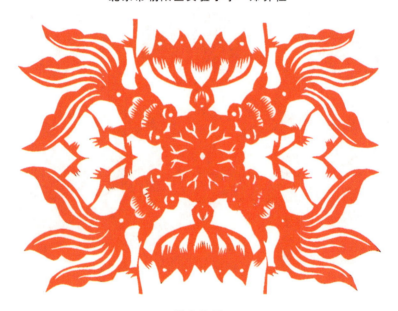

学生作品

第四十七讲　怎样剪"摇钱树"

通过这一讲的内容,了解摇钱树的吉祥寓意,学会将铜钱纹和树巧妙地结合起来,剪出各种造型的摇钱树。

摇钱树　　　　　　　　　串钱

"摇钱树"是传说中的一种宝树,摇摇它就会落下金钱来。通常是树的造型上挂满铜钱,寓意新的一年钱财滚滚来,人们能过着富足的生活。

摇钱树　陕西　武燕

这幅剪纸中的摇钱树造型生动,采用树和贯钱纹的形象结合进行创作,寄托着人们的情感,这是人们对经济的发展的一种追求。

跟我剪一剪

（1）用对称的剪法剪出摇钱树的外形；

（2）用阴剪的方法剪出一组贯钱纹；

（3）再用毛毛纹、月牙纹装饰摇钱树的叶子和树干；

（4）再修饰一下作品，慢慢打开，我们的剪纸就完成了！

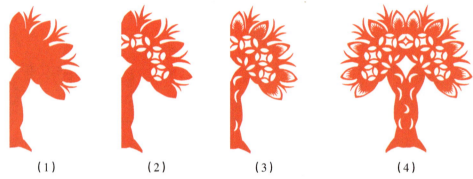

（1）　　　　（2）　　　　（3）　　　　（4）

小窍门

剪摇钱树时不需要刻意表现剪得像什么树，繁杂的树枝、树叶可以经过简化、概括变成象征性的纹样，这样会简单很多。

剪一剪，试一试

学生作品

这幅作品将树叶简单化处理，巧妙地变成大小不一的铜钱纹，很有创意！

第四十八讲　怎样剪"聚宝盆"

　　通过这一讲的内容,了解聚宝盆的吉祥寓意,学会自己设计聚宝盆图案,并添加适合的剪纹进行装饰。

聚宝盆

金元宝

　　聚宝盆是中国民间传说中的宝物,盆中盛满了金元宝、珍珠、玛瑙、铜钱、珊瑚等珍宝,象征着无穷的财富和幸福富足的生活。

恭喜发财　陕西　武燕

　　这幅剪纸中的聚宝盆主要分为宝盆和宝物两部分,盆中宝物多由元宝纹样、贯钱纹样装饰,皆是财富的象征。

跟我剪一剪

（1）用对称的剪法剪出聚宝盆的外形；

（2）用阴剪的方法剪出聚宝盆中物体的边缘结构；

（3）依次剪出元宝和宝盆上的剪纹；

（4）再修饰一下作品，慢慢打开，我们的剪纸就完成了！

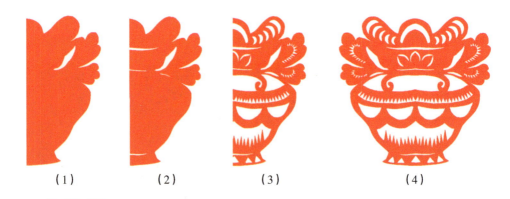

（1）　　　　（2）　　　　（3）　　　　（4）

小窍门

宝盆的设计可以变形、多样，整体比例得当即可。剪纹的装饰要疏密得当。

剪一剪，试一试

聚宝盆　陕西　武燕

第四十九讲　怎样剪"肥猪拱门"

通过这一讲的内容，了解"肥猪拱门"的吉祥寓意，学会运用单独纹样组合成一幅完整的作品。

可爱的小猪

金猪送宝

猪是送财增富的象征，传统剪纸中有金猪送宝与肥猪拱门的纹样。肥猪拱门指招财进宝，财物自己送进门来，预兆丰年之喜。

肥猪拱门　北京　崔柳青

这幅剪纸中的猪突出了憨态、可爱的样子。猪身上除了装饰基本剪纹外，还运用了代表财富的吉祥符号。

跟我剪一剪

（1）先剪出猪的外轮廓；

（2）剪出猪的眼睛、耳朵等五官结构；

（3）再依次剪出猪身上的装饰剪纹；

（4）单独剪出宝盆，驮在猪背上，作品就完成了。

（1）　　　　　　　　　（2）

（3）　　　　　　　　　（4）

小窍门

　　猪的腿稍短，猪身体大约是个椭圆形，这样造型比较可爱哦！

第五十讲　怎样剪"马上有钱"

通过这一讲的内容，了解"马上有钱"的吉祥寓意，抓住马的外形特征，学会运用单独纹样组合成一幅完整的作品。

骏马

马上有钱

在民间，马是送好运的使者，"马上有钱"又称"钱马"，象征着天马送禄，马上发财。明清时期就有钱马的剪纸窗花纹样。

马上有钱　北京　崔柳青

马要剪出欢快、奔腾的样子，代表着能"马上来"。马背上的财富亦可以用前面学到的元宝纹、贯钱纹，或是象征着富贵的牡丹、白菜等纹样。

跟我剪一剪

（1）先剪出马的外轮廓；

（2）剪出马的眼睛等小的结构剪纹；

（3）再依次剪出寓意财富的贯钱纹；

（4）单独剪出元宝放在马背上，作品就完成了。

(1)　　　　　　　　　(2)

(3)　　　　　　　　　(4)

小窍门

作品中的马和元宝可以分开剪再组合粘贴，这样更简单哦！